John Cage

DE SEGUNDA A UM ANO

DE SEGUNDA A UM ANO

Novas conferências e escritos de

JOHN CAGE

Tradução de
ROGÉRIO DUPRAT
revista por
AUGUSTO DE CAMPOS

Cobogó

Para nós e todos aqueles que nos odeiam,
para que os EUA possam se tornar
simplesmente uma outra parte do mundo,
nem mais nem menos.

SUMÁRIO

INTRODUÇÃO À SEGUNDA EDIÇÃO, Augusto de Campos: IX

CAGE : CHANCE : CHANGE, Augusto de Campos: XIII

ANTEPAPO: XXIX

DIÁRIO: COMO MELHORAR O MUNDO (VOCÊ SÓ TORNARÁ AS COISAS PIORES) 1965: 3

DIÁRIO: SEMINÁRIO DE MÚSICA DE EMMA LAKE, 1965: 21

SERIAMENTE VÍRGULA!: 26

HAPPY NEW EARS!: 30

DUAS PROPOSIÇÕES SOBRE IVES: 36

MOSAICO: 43

DIÁRIO: AUDIÊNCIA 1966: 50

DIÁRIO: COMO MELHORAR O MUNDO (VOCÊ SÓ TORNARÁ AS COISAS PIORES) CONTINUADO EM 1966: 52

26 PROPOSIÇÕES SOBRE DUCHAMP: 70

JASPER JOHNS: HISTÓRIAS E IDEIAS: 73

MIRÓ NA TERCEIRA PESSOA: 8 PROPOSIÇÕES: 85

NAM JUNE PAIK: UM DIÁRIO: 89

DAQUI, PARA ONDE VAMOS?: 91

CONFERÊNCIA NA JUILLIARD: 95

CONFERÊNCIA SOBRE O COMPROMISSO: 112

RITMO ETC.: 120

COMO PASSAR, CHUTAR, CAIR E CORRER: 133

PAPO Nº I: 141

DIÁRIO: COMO MELHORAR O MUNDO (VOCÊ SÓ TORNARÁ AS COISAS PIORES) CONTINUADO EM 1967: 145

FIM DE PAPO: 163

NOTAS DOS TRADUTORES: 169

INTRODUÇÃO À SEGUNDA EDIÇÃO

Um dos mais revolucionários dentre os compositores modernos, John Cage (1912-1992) tem uma longa história de inovações e descobertas: precursor da música concreta e eletrônica, inventor do "piano preparado", criador do primeiro *happening* e da chamada "música indeterminada". Trata-se, além disso, de um artista multifacetado: designer, pintor, artista gráfico, crítico, filósofo e poeta.

A publicação, em 1961, de *Silence*, o primeiro de uma série de livros absolutamente originais na sua apresentação, contendo suas conferências, escritos e teorias, mostrou uma nova face desse artista múltiplo em quem Umberto Eco viu "a figura mais paradoxal de toda a música contemporânea, o músico com o qual muitos compositores europeus estão frequentemente em polêmica sem poder subtrair-se à sua fascinação". Em *Silence* Cage revelou-se um excelente observador do mundo, bem como um ousado experimentador da linguagem e da arte tipográfica, além de um excelente contador de histórias, "anedotas exemplares" do cotidiano que, à maneira zen, nos induzem, pelo choque ou pela surpresa, a reflexões mais profundas sobre a condição humana.

De segunda a um ano vem a ser um dos mais importantes livros de ensaios de Cage. Publicado em 1967, ele amplia o horizonte criativo aberto por *Silence*, desenvolvendo, a partir da música, o seu experimentalismo linguístico de pensador e poeta. Um livro absolutamente insólito, tão inovador e imprevisível como as suas próprias composições. Seus capítulos, cada qual com uma diagramação particular, abordam um conjunto díspar de assuntos de largo espectro, musicais e não musicais. Um verdadeiro mosaico de ideias, citações e histórias que têm como protagonistas, entre outros, músicos como Schoenberg (que foi professor de Cage), Charles Ives e Henry Cowell, artistas visuais como Duchamp, Miró, Jasper Johns, Rauschenberg, ou o mais jovem Nam June Paik, discípulo de Cage e criador da videoarte, e ainda pensadores como Daisetz Suzuki, Buckminster Fuller, Marshall McLuhan, Norman O. Brown. Os textos apresentam-se em disposições gráficas personalíssimas, indo do uso de doze famílias de tipos (no mesmo texto) até a inclusão de signos gráficos criados para indicar pausas e ruídos, como a respiração e a tosse, e a aplicação de tonalidades reticulares sobre os tipos.

Cage não fala apenas de música, mas de ecologia, política, tecnologia, religião, filosofia, artes plásticas, cogumelos e acontecimentos triviais, extraindo poesia de tudo e de nada. Seu utópico *Diário: como melhorar o mundo (você só tornará as coisas piores)*, cujas primeiras séries são publicadas neste livro, manifestam — numa colagem fragmentária, um pouco à maneira dos *Cantos* de Pound — as preocupações sociais de Cage. Fundamentado nos princípios da desobediência civil e do não governo de Thoreau, e nas especulações tecnológicas de Buckminster Fuller (o genial arquiteto, criador da casa-domo, de estrutura geodésica), ele postula soluções não ortodoxas e não burocráticas para a sobrevivência humana no planeta Terra e para a construção de uma vida verdadeiramente poética. Bem-humoradas, provocativas e polêmicas, as teses de Cage, no mínimo, põem em xeque o marasmo do pensamento oficial, e chamam a atenção para questões fundamentais do mundo contemporâneo.

A tradução brasileira, que teve uma primeira edição em 1985, pela editora Hucitec — uma das primeiras deste livro a ser publicada em todo o mundo —, preserva o mais possível os achados e as acrobacias gráficas do original, constituindo por si só um acontecimento editorial em matéria de design aplicado ao livro entre nós.

* * *

A versão de Rogério Duprat chegou às minhas mãos em princípio dos anos 1970. O compositor e maestro que, na "persona" de arranjador, injetara Cages e caos na Tropicália, deixou o texto comigo como quem quisesse se livrar dele, descrente da sua viabilidade editorial. Não me perguntou mais sobre ele até que lhe comuniquei, em 1985, que uma editora se resolvera a publicá-lo. Os originais rogerianos ficaram comigo cerca de treze anos — nesse tempo eu os levara a diversas editoras tentando interessá-las, sem nada conseguir de prático. Foi só quando se anunciou a vinda de John Cage ao Brasil, naquele ano, convidado pela 18ª Bienal de São Paulo, por iniciativa de Anna Maria Kieffer, curadora musical do evento, é que o projeto subitamente ganhou força. Duas editoras o disputaram. E o livro brasileiro saiu por fim, com tudo o que tinha direito em todas as complexidades textuais e gráficas que tanto assustavam os editores. Teve até o privilégio de ser autografado por Cage para um público bastante numeroso que acorreu ao lançamento do livro na Bienal.

Durante os muitos anos em que ficou em minhas mãos, a tradução do difícil compósito textual cagiano, carente de redação definitiva, foi sendo revista e aperfeiçoada por mim. Tive o cuidado de manter ao máximo as características coloquiais com que Rogério leu o livro — o "rogeriês" com que o músico o transpôs para a nossa língua com tanta graça e empatia. Cage aprovou a edição brasileira e augurou sucesso para o livro, proeza de impressão que não demorou a esgotar e hoje se converteu em raridade das estantes virtuais. Ei-lo de volta. Uma segunda edição para *De segunda a um ano*? Não deixa de ser um sucesso para uma publicação tão extraordinariamente inventiva.

Do século XX ao XXI, um pensamento tão original como o de Cage não poderia faltar à nossa reflexão sobre arte e vida.

Quando veio a São Paulo, o compositor tinha 73 anos. Nós o vimos, um bem-humorado revolucionário, acompanhar com alegre bonomia as muitas homenagens que lhe foram aqui prestadas, dar entrevistas, assistir a concertos nada ortodoxos de suas obras, e inclusive participar de um deles com uma impressionante performance de "Muoyce", a sua releitura musical do *Finnegans Wake*, de Joyce. Registrei em meu livro *Música de invenção* (Editora Perspectiva) várias passagens de sua inesquecível visita. A um jovem que o abordou na Bienal indagando qual o objetivo da sua obra, respondeu: "*Not to express, but to change myself.*" [Não a faço para me expressar, mas para mudar a mim mesmo.]

Na minha introdução à primeira edição deste livro, procurei dar conta do múltiplo percurso cagiano até meados dos anos 1980. O compositor das desconstruções compositivas, ao contrário do que poderia supor a sua aparente ojeriza composicional, produziu muito ainda, tanto em música como em escritos até o seu falecimento, em 1992, pouco antes de completar 80 anos.

Dentre os textos cagianos publicados após *Empty Words — 1973-78*, alguns dos mais importantes foram publicados no livro *X*, com a sequência de escritos de 1979 a 1982, o último a trazer as páginas do "Diário: como melhorar o mundo (você só tornará as coisas piores)". O noticiário da imprensa continuou a contrariar o incansável otimismo tecnoanárquico de Cage, ameaçando silenciá-lo, e ele veio a preferir outras táticas de intervenção. Mas os "Diários" descontinuados continuam a nos desafiar, sempre atuais em suas perguntas sem resposta, e podem ser hoje ouvidos, todos eles, admiravelmente lidos por ele próprio em um álbum-CD de oito discos, editado em 1991. Cage não cessou de fazer suas pregações libertárias e de preocupar-se com a arte e a vida do planeta. Suas originais produções literárias passaram a ser apresentadas cada vez mais sob a forma de "mesósticos" (ou acrósticos intermediários), textos que se inscrevem sobre uma palavra-tema — nome ou assunto — inscrita verticalmente no meio das linhas. A sua última conferência-mesóstico, lida em 1992, na Universidade de Stanford, da Califórnia, tendo como título *Overpopulation and Art*, é um resumo-testamento de suas ideias sobre arte e vida, tecnologia e natureza. Seus escritos não são só para ser lidos, mas ouvidos, como se fossem partituras verbais. De preferência lidos por ele mesmo, e assim se podem ouvir vários deles na internet.

Considero também extraordinariamente significativas as conferências que pronunciou em Harvard, em 1988-89, editadas em 1990 pela Harvard University Press. Nelas, Cage ao mesmo tempo inova e matiza a radicalização de suas "palavras vazias". O livro apresenta três níveis de leitura. As conferências-mesósticos propriamente ditas, onde os fragmentos de algumas centenas de citações presselecionadas por ele se inscrevem sobre os temas verticais de sua preferência; a coletânea dos textos-fonte dos quais foram extraídos aleatoriamente esses fragmentos; e a transcrição da discussão ocorrida entre os espectadores e Cage após as conferências. Essa tríplice leitura dá uma nova configuração aos não livros cagianos, que renovam a provocação e as sugestões de sua escritura antiacadêmica, audiovisual, ao mesmo tempo que, desvendando o processo de sua própria construção, tornam-na mais aberta, livre e comunicativa.

Augusto de Campos, 2013

CAGE:CHANCE:CHANGE

---

prefácio preparado

por

augusto de campos

depois que pound morreu
o maior poeta vivo americano
talvez o maior poeta vivo
é um músico
JOHN CAGE
talvez porque não pretenda ser poeta
"eu estou aqui
e não tenho nada a dizer
e o estou dizendo
e isto é poesia"
diz cage
em sua ***conferência sobre nada*** *(1949)*
enquanto os poetas que pretendem dizer tudo
já não nos dizem nada

o seu ***diário: como melhorar o mundo***
(você só tornará as coisas piores)
1965-1972
cujas primeiras séries fragmentárias
são coligidas neste livro
é o único poema longo consistente

escrito depois dos **cantos** *de ezra pound*
que consegui ler e amar
(absorveu ep sem imitá-lo
o que me parecia impossível)
poema?
talvez ele pretenda — como eu —
que isto seja prosa
se o for
é um dos poucos exemplos de prosa crítica
original quanto à própria linguagem

prosa ou poesia
reconcilia pound e gertrude stein
(outro impossível)
definição precisa e nonsense

john cage
"a figura mais paradoxal de toda a música contemporânea
o músico
com o qual muitos compositores pós-webernianos e eletrônicos
estão frequentemente em polêmica
sem poder subtrair-se à sua fascinação" (umberto eco)

nascido em los angeles em 1912
atravessou os seus 70 anos
continuando jovem
o que é quase incompreensível entre nós
onde a regra (ou a maldição)
é o envelhecimento-precoce intelectual
como disse pignatari observando que volpi
é um dos raros artistas brasileiros
que não decaíram depois dos 40

aluno de henry cowell e de schoenberg
interessou-se desde cedo pelos instrumentos
de sons indeterminados
e pela música e filosofia orientais
mas também por artes gráficas e pintura
(ensinou na escola de design de chicago)

o que explica a invenção visual
de seus textos
e partituras

arnold schoenberg
(que lhe dava aulas de graça
sob uma única condição: devotar a vida
à música)
recriminou um dia o seu descaso pela harmonia
dizendo-lhe que para um músico
isso era o mesmo que defrontar-se com um
muro
o jovem cage lhe respondeu:
"nesse caso eu devotarei
a minha vida
a bater a cabeça nesse muro"

e foi o que ele fez
literalmente
passando a compor
música para percussão
sob a inspiração de ***ionisation***
de edgard varèse
donde
first construction in metal *(1937)*
escrita só para percussão metálica
(gamelão, sinos, gongos, folhas de aço,
cilindros de freio de automóvel, bigornas etc.)
onde aplica o princípio da ***tala*** *hindu*
música medida:
uma estrutura rítmica
baseada na duração
não das notas
mas dos espaços de tempo

em 1937 já dizia:
"enquanto no passado o ponto de discórdia
estava entre a dissonância e a consonância
no futuro próximo ele estará

entre o ruído
e os assim chamados sons musicais"

daí, para a invenção do
"piano preparado"
(um piano acondicionado com pedaços de metal
borracha e outros materiais entre as cordas
para alterar-lhe a sonoridade):
"uma orquestra de percussão para um único instrumento
e um único executante"
ou uma livre
"klangfarbenmelodie" (melodia-de-timbres)
que associa webern ao gamelão indonésio

de certa forma
cage
antecipou-se facticamente aos europeus
na compreensão do fenômeno webern:
no choque de silêncios
entre WEBERN e CAGE
— o europeu e o americano —
está capsulado
todo o futuro dilema da música
entre ordem e caos
(ver o meu profilograma nº 2
HOM'CAGE TO WEBERN
— o nº 1 fundia os perfis
de pound e maiakóvski)

***bacanal** (1938) foi a primeira peça para piano preparado*
*seguiram-se **amores** para p/p e percussão (1943)*
***sonatas e interlúdios para piano preparado** (1946-48)*
*e **concerto para piano preparado** (1951)*
entre outras

*em 1939 compõe **paisagem imaginária nº 1***
*proto-**musique concrète***
combinando gravações de frequências
pratos e cordas (de piano)

a atuação de cage nos anos 50
no auge da revolução concreto-eletrônica
foi fulminante
valorizado por boulez e schaeffer
por suas pesquisas no domínio da acústica
não se contentou em historicizar-se como profeta
preferiu intervir criativamente
mais novo do que os novos

a crítica crucial de cage
aos melhores músicos da geração
batizada de "pós-weberniana":
não faziam música ***por causa*** *da música de webern*
mas apenas música ***depois*** *da música de webern*
não havia nela nenhum traço de ***klangfarbenmelodie***
nenhuma preocupação com a descontinuidade
— antes uma surpreendente aceitação
dos mais banais artifícios da continuidade

alguns remédios:
acaso e silêncio
"a música europeia poderia ser melhorada
com um pouco de silêncio"

reagindo contra o conceito de música
totalmente predeterminada,
levado às últimas consequências pelos jovens serialistas
pós-webernianos (boulez, stockhausen)
cage cria a "música indeterminada"
desde 1950 começara a desenvolver
a sua teoria da indeterminação em música
derivou-a do ***i ching***
o clássico livro-de-oráculos chinês

mediante operações de acaso
a partir do ***i ching*** *(livro das mutações)*
compôs, em 1952, ***music of changes*** *(música das mutações)*
com sons e silêncios distribuídos casualmente

lançamento de dados ou moedas
imperfeições do papel manuscrito
passaram a ser usados em suas composições
que vão da indeterminação
à música totalmente ocasional. música?

em 1951
cage apresenta o primeiro "happening"
no black mountain college, em north carolina.
***paisagem imaginária nº 4** (do mesmo ano)*
compõe-se de 12 aparelhos de rádio
ligados ao acaso e simultaneamente
(a dinâmica, rigorosamente controlada)

*em **4'33"** (1952)*
um pianista entra no palco
toma a postura de quem vai tocar
e não toca nada
a música é feita pela tosse
o riso e os protestos do público
incapaz de curtir quatro minutos e alguns segundos de
silêncio

o silêncio sempre o interessou
(de fato, seu primeiro livro se chama
***silence**)*
e nesse sentido ninguém entendeu melhor webern do que ele
por mais que os dois pareçam distantes
e embora para ele sob outro ângulo
o silêncio não exista:
"there is no such thing as silence"
"nenhum som teme o silêncio que o ex-tingue
e não há silêncio que não seja grávido de som"

dentro da câmara anecoica (à prova de som)
ele ouviu dois sons
um agudo
outro grave
o agudo era o seu sistema nervoso

o grave o seu sangue em circulação
o silêncio
ou "o 13º som"

ainda em 1952
outra inovação:
paisagem imaginária nº 5
a primeira composição de "tape music"
feita nos eua

em 1954 (em donaueschingen — reduto
dos serialistas europeus)
cage apresentou as composições
***12' 55.5078** para dois pianos*
*e **williams mix** para 8 magnetofones ligados a alto-falantes*
(as obras incluíam ruídos, gravações em fitas magnéticas
e inesperadas intervenções dos executantes)
stockhausen e boulez
passaram a incluir o acaso mais ou menos controlado
em suas composições
e foi aquele desbunde geral da música "aleatória"

cage continuou fazendo das suas:
*a **ária** (1958) para soprano*
tem uma curiosíssima notação
em curvas coloridas e interrompidas
que deixam livre à intérprete
a escolha de quaisquer estilos
(lírico, folclórico, jazz, canção napolitana, ópera etc.)
além de toda a sorte de ruídos
(choro de bebê, ganido, gemido voluptuoso etc.)
*a ária pode ser tocada junto com **fontana mix***
mistura de vários teipes
***atlas eclipticalis** (1961-62) para 1 a 98 instrumentos*
é uma transcrição das constelações do firmamento
tornadas legíveis sob a forma de notas

em HPSCHD (harpsichord)
para cravos e computadores

composta em 1967-69 em colaboração com lejaren hiller
teipes de sons eletrônicos microtonais produzidos em computador
são combinados a citações de vários compositores
e às valsas para cravo compostas ao lance de dados
atribuídas a mozart
tudo articulado por uma programação de computadores
com sistema numérico derivado do modelo digital do ***i ching***
certos trechos da composição
foram gravados no canal da direita
outros no canal da esquerda
outros em ambos
de modo que o ouvinte pode alterar a composição
(aumentando, diminuindo ou eliminando algumas partes)
se acionar os botões do seu amplificador

para cage a música não é só uma técnica
de compor sons (e silêncios)
mas um meio de refletir
e de abrir a cabeça do ouvinte
para o mundo (até para tentar melhorá-lo
correndo o risco de tornar as coisas piores)

com sua recusa a qualquer predeterminação
em música
propõe o imprevisível como lema
um exercício de liberdade
que ele gostaria de ver estendido à própria vida
pois "tudo o que fazemos"
(todos os sons, ruídos e não sons incluídos)
"é música"

por exemplo cogumelos
música e cogumelos
music and mushrooms
duas palavras casualmente próximas no dicionário (inglês)
cage ganhou um concurso tipo céu-é-o-limite
na tv italiana
respondendo sobre cogumelos
(e improvisando concertos com panelas de pressão)

bem entendido
ele não tem nada a ver com drogas
interessam-lhe os cogumelos comestíveis
"marcel duchamp aprendeu
e eu também
através da filosofia indiana
que algumas vezes você usa o acaso
e outras, não.
os cogumelos são uma dessas ocasiões
em que você não pode usar o acaso
porque você corre o risco de se matar".

o acaso é também (segundo cage)
uma forma de disciplina do ego
para libertar-nos de nossos gostos e preferências
permitindo-nos experimentar coisas de que não gostamos
e mudar nossa mente

acaso e mudança
por acaso
a palavra CAGE
está contida na palavra CHANGE
que pode ser vista
como uma casual mudança da palavra CHANCE

depois de ter levado a música
ao limite da entropia
e ao silêncio
cage parecia ter perdido o interesse em compor

em 1961 apareceu
SILENCE
o primeiro de uma série
inclassificável
de livros-mosaicos
com artigos manifestos conferências
pensamentos aforismos
anedotas exemplares (koans)

depois dele foi a vez de
A YEAR FROM MONDAY
(de segunda a um ano)
1967
o segundo compêndio da visão
anarcosmusical
de cage

segue-se
***M** (1973)*
reunindo escritos de 1967-72
*e incluindo mais uma série do **diário:***
***como melhorar o mundo** etc.*
(o título M foi escolhido
sujeitando as 26 letras do alfabeto
*a operações de acaso baseadas no **i ching***
segundo cage
qualquer outra letra serviria
embora M seja a 1ª letra
de muitas palavras e nomes
de seu interesse:
de "mushrooms" a "music"
de marcel duchamp e merce cunningham
a marshall mcluhan e mao tse-tung)

o último livro dessa linhagem
é EMPTY WORDS (palavras vazias)
1979
*nele aparecem mais fragmentos do **diário***
no prefácio cage afirma que
em 1973
recomeçou o diário
mas não conseguiu concluí-lo:
"sou um otimista
essa é a minha 'raison d'être'
mas as notícias diárias
de certo modo
me deixaram mudo"

os livros de cage
são
inovadores e imprevisíveis
como a sua música
em todos eles
há uma mistura
aparentemente disparatada de eventos
cage não fala de música
mas de ecologia política zen-budismo
cogumelos economia e acontecimentos triviais
extraindo poesia de tudo e de nada
um mosaico de ideias citações e histórias
os textos se apresentam
em disposições gráficas personalíssimas
indo desde o uso de uma IBM com grande
variedade de tipos
até a combinação de numerosas
famílias de letraset
dos signos desenhados para indicar
pausas e ruídos
como a respiração e a tosse
até as tonalidades reticulares das letras

a mesma criatividade visual
que ele aplica às suas partituras
e obras plásticas
como a série de objetos-poemas
— "plexigramas" —
que (de parceria com calvin sumsion)
realizou em 1969
sob o título
not wanting to say anything about marcel duchamp
(não querendo dizer nada sobre marcel duchamp)

cage se diz interessado na "linguagem sem sintaxe"
(o que o aproxima da poesia concreta)
citando norman o. brown
"a sintaxe é a estrutura do exército"
e thoreau
"quando ouço uma sentença

ouço pés marchando"
afirma que se tornou
um devoto da linguagem "desmilitarizada"
não sintática
e compõe poemas nonsense-visuais
super-e-ou-justapondo
palavras/sílabas/letras
escolhidas ao acaso
entre dezenas de alfabetos de letraset:
os "mesósticos"

mas seria ingênuo tabelá-lo
com os rótulos de "antiarte" ou "antimúsica"
ele diz não acreditar que a arte deva ser abandonada
e que a ausência de um objetivo material para a arte
a utilidade do inútil
é uma boa notícia para os artistas:
"a árvore que dava a melhor sombra de todas
era muito velha e nunca fora cortada
porque a sua madeira era considerada imprestável"
(chuang-tsé)

um fanático discípulo de cage
o compositor e videoartista nam june paik
cujas obras conversas apresentações atos cotidianos
divertem deliciam chocam e às vezes aterrorizam
ao próprio cage
disse-lhe um dia:
"por que não destruir todas as partituras e fitas
antes de morrer e deixar para a história da música
apenas uma linha:
'aqui viveu um homem chamado john cage'?"
resposta de cage:
"muito dramático"

felizmente para nós
ele não cessou de compor
nem de escrever

depois de HPSCHD
(iniciada no mesmo ano em que
saiu este livro)
criou muitas outras obras

em 1969 começou a compor
cheap imitation
(imitação barata)
leitura para piano (com operações de acaso)
de "socrate" de satie
depois vieram
***musicircus** (1970) obra multimídia*
***bird cage** — gaiola de pássaro e de cage (1972)*
renga with apartment house 1976
composta em homenagem ao bicentenário
da independência norte-americana
misturando orquestra
solos vocais e instrumentais
melodias populares hinos protestantes cantos
de peles-vermelhas
acompanhados da projeção de 361 desenhos
extraídos dos "diários" de thoreau
(apresentado por seiji osawa em boston
e por boulez em nova york
a obra provocou o maior êxodo de público
durante um concerto nos últimos 25 anos
segundo o comentarista allen hughes)
a john cage reader
livro-homenagem aos 70 anos de cage (1982)
registra outras tantas composições
parando provisoriamente em
postcard from heaven
(postal do céu) para 20 harpas

ultimamente cage vem dedicando
muitos trabalhos ao "finnegans wake"
o mais radical e o mais musical
dos livros de joyce

em 1942 já musicara
um pequeno trecho dessa obra
the wonderful widow of 18 springs
(a maravilhosa viúva de 18 primaveras)
para voz e piano fechado (sic)
numa de suas novas incursões
criou uma série de "mesósticos"
sobre o nome de james joyce
pescado aleatoriamente do texto
*(**writing through finnegans wake**, 1978)*
numa outra viagem
escavou sons e ruídos para o seu
***roaratorio, an irish circus on finnegans wake** (1981)*
e ele ainda promete um
atlas borealis com as 10 trovoadas
sobre as 10 palavras de 100 letras
que atravessam o livro
("a fala do trovão")

não é preciso concordar com cage para amá-lo
(os cagistas são geralmente chatos:
traduzem demasiado literalmente as suas ideias)
mas não é possível contornar cage
ele está ali
inviável objeto
objetando

inspirado na melhor tradição norte-americana
a da desobediência civil e da não violência
de thoreau a martin luther king
esse compositor rebelde
é um notável compósito
de anarquista e construtivista
músico-poeta-designer-pensador
profeta-guerrilheiro da arte interdisciplinar
da música à poesia
da dança ao vídeo
do teipe à vida

na era do pós-tudo
em pleno musicaos de produssumo
os livros de cage
como a sua própria música
são um i ching de ideias e invenções
que nos fornecem
se não as respostas que procuramos
ao menos um novo estoque de perguntas
para nos abalar e rebelar

HAPPY NEW EAR
feliz anouvido novo (YEAR/EAR trocadilho intraduzível)
NEW MUSIC: NEW LISTENING
ou em canibalês brasileiro:
ouvidos novos para o novo
ouvir com ouvidos livres
a música está ao seu redor
por dentro e por fora
é só usar os ouvidos

1973-1985

ANTEPAPO

Quando foi publicado *Silêncio*, dei uma cópia a David Tudor. Depois de dar uma espiada, ele disse: "Que pena que a *Conferência na Juilliard* não esteja incluída." Aquele texto está incluído nesta coleção, que consiste naquilo que eu venho escrevendo desde 1961, exceto a *Conferência sobre o compromisso*, escrita enquanto *Silêncio* estava em elaboração, e outras histórias encontradas aqui e ali, neste livro, e aquelas englobadas sob o título *Como passar, chutar, cair e correr.*

A questão é: meu pensamento está mudando? Está e não está. Uma noite, depois do jantar, eu estava dizendo a uns amigos que agora eu estava preocupado em melhorar o mundo. Um deles disse: "Eu pensei que você sempre tivesse estado." Aí, eu expliquei que acredito — e meu comportamento o confirma — na proposição de Marshall McLuhan segundo a qual temos produzido, através da tecnologia eletrônica, uma extensão de nossos cérebros, para o mundo anteriormente exterior a nós. Para mim, isso significa que as disciplinas, gradativa e repentinamente (principalmente as orientais), antes praticadas por indivíduos para pacificar mentes, pondo-as de acordo com a realidade atual, devem agora ser praticadas socialmente — isto é, não só dentro de nossas cabeças, mas também fora delas, no mundo, onde nosso sistema nervoso central de fato está agora.

Isso me levou a considerar o trabalho de Buckminster Fuller de primeira importância. Mais do que qualquer pessoa que eu conheça, ele vê claramente a situação do mundo — toda ela — e cucou profundamente projetos para desviar nossa atenção da "matança" [*killingry*] para a "vivença" [*livingry*].

Todavia, quando recentemente reli minha *Conferência na Juilliard*, fiquei surpreso com as correspondências entre o pensamento nela contido e o pensamento que eu considero mais atual na minha cabeça; p.ex.: "Estamos ficando livres da propriedade, que vamos substituindo pelo uso" (1966); e "Nossa poesia agora é a visão de que nada possuímos" (1952). Certamente, minhas ideias começaram no campo da música. E esse campo, digamos, é como um brinquedo de criança. (Aprendemos, é verdade, naqueles dias idílicos, coisas que agora somos obrigados a lembrar.) Nosso trabalho, agora, se amamos a humanidade e o mundo em que vivemos, é a revolução.

A razão pela qual estou cada vez menos interessado em música, não é só que eu acho os sons e ruídos que nos envolvem mais úteis esteticamente do que os sons produzidos pelas culturas musicais do mundo, mas sim que, se você prestar atenção, um compositor é simplesmente alguém que diz aos outros o que devem fazer. Eu acho isso uma forma pouco atrativa de fazer as coisas. Eu gostaria que nossas atividades fossem, assim, mais sociais e anárquicas. Na verdade, mesmo no campo da música, é isso que está acontecendo. Já nos anos 1950 nós tínhamos o Once Group, em Ann Arbor, Michigan, e o Grupo Gutai em Osaka e Tóquio. Agora, quando a gente viaja, encontra grupos mais ou menos em toda parte: O Grupo Zaj, em Madri, Fluxus, aqui e no exterior, Bang 3, em Richmond, Virgínia; em Estocolmo, a construção do Hon, por Niki de Saint Phalle, Jean Tinguely e Per Olof Ultvedt. Quando a gente volta a N.Y., encontra-se no bloco de artistas e engenheiros que realiza um Festival de Teatro e Engenharia, um grupo que planeja, sob o nome de EAT [*to eat* = comer] (Experiments in Art and Technology), permanecer reunido, como as famílias costumavam fazer, mas agora fazem raramente. Passamos, pode-se dizer, do tempo da reunião familiar para o tempo presente, que leva as pessoas e suas energias e os recursos materiais, energias e utilidades do mundo, para um caminho que aceita com prazer o desconhecido e as descobertas, usufruindo da sinergia (uma energia maior do que a soma de energias diversas e isoladas).

Voltando à ideia de que meu pensamento está mudando. Digamos que não esteja. Uma coisa, porém, que o mantém em movimento é que estou continuamente encontrando novos professores. Eu tinha estudado com Richard Buhlig, Henry Cowell, Arnold Schoenberg, Daisetz Suzuki, Guy Nearing. Agora estou estudando com N.O. Brown, Marshall McLuhan, Buckminster Fuller, Marcel Duchamp. Ligado aos meus habituais estudos com Duchamp, há o fato de ser eu um medíocre jogador de xadrez. Minha cabeça parece de tal forma vazia, que faço lances obviamente estúpidos. Eu não duvido nem por um momento que essa falta de inteligência afete minha música e meu pensamento em geral. Todavia, eu tenho uma qualidade redentora: fui dotado de uma disposição otimista.

Sobre o título deste livro (além de sua ambiguidade e meu interesse na não mensuração); era sábado; estávamos, seis pessoas, jantando num restaurante do Hudson ao norte de Newburgh; combinamos um encontro no México (eu nunca estive em outra parte do México além da Baixa Califórnia); três tinham estado no México e se deliciavam com a perspectiva de voltar; um tinha nascido lá, mas estava fora há cinco anos; sua mulher, com quem se casou na Índia, nunca estivera lá, assim como eu; dois outros, não presentes ao jantar, e que esperamos que nos acompanhem, tinham ambos estado no México e adorado; talvez seja um grupo de oito; a fim de realizar esse encontro, todos nós (sabendo dizer Sim) teremos de aprender a dizer Não — isto é, Não a tudo que possa obstar a realização do nosso plano.

— J.C.

DE SEGUNDA A UM ANO

Este texto foi escrito para ser publicado por Clark Coolidge na sua revista *Joglars*, Providencia, R.I. (vol. I, nº 3, 1966). É um mosaico de ideias, proposições, palavras e histórias. É também um diário. Para cada dia, a partir de operações ao acaso, determinei quantas partes do mosaico escreveria e quantas palavras haveria em cada uma. O número de palavras por dia deveria ser igual ou superior a cem, ao fim da última proposição.

Como a revista de Coolidge era impressa em foto-ofsete tirada dos escritos datilografados, usei uma máquina IBM Selectric para escrever o meu texto. Usei doze diferentes tipos, deixando que operações ao acaso determinassem que tipo seria usado para cada proposição. Da mesma forma foram determinadas as margens esquerdas, resultando as direitas do fato de eu não colocar hifens separando palavras, conservando ao mesmo tempo o número de quarenta e três ou menos caracteres por linha.[1]

Li várias vezes este texto como conferência, primeiro no Beloit College, em Wisconsin, e, mais recentemente (junho de 1966), na International Design Conference, em Aspen, Colorado. Depois, ele foi reimpresso na edição de primavera da *Aspen Magazine*.

DIÁRIO: COMO MELHORAR O MUNDO (VOCÊ SÓ TORNARÁ AS COISAS PIORES) 1965

I. Continue; eu descobrirei onde você
sua (Kierkegaard). Estamos ficando
livres da propriedade, que vamos substituindo pelo uso.
Começando com ideias. Quais podemos
pegar? Quais podemos dar?
Desaparecimento da política do poder. Não
mensuração. *Japonês, ele disse: nós*
também ouvimos com os pés. Eu citara
Busoni: interposta entre o músico e
música, está a notação. Antes, eu dera a dica:
operações ao acaso, indeterminação.
Eu citara as músicas da Índia: a notação
delas é posterior ao fato. Eu falara da

ação musical direta (a partir dos ouvidos, sem interpor os olhos). 2 da manhã, Jensen disse, "Mesmo que vocês não tenham gostado dos resultados (Lindsay etc.), esperamos que tenham gostado da conversa." Gostar da (?) conversa! Nós estávamos lá enquanto estava acontecendo! *II. Ética mínima: Faça o que você disse que faria. Impossível? Telefone. Não respondem?* Minha ideia era que se eles quisessem lutar (natureza humana e essas coisas), deviam fazê-lo no Antártico, o resto de nós arriscando no resultado diário: subsídios para o bem-estar mundial. Em lugar disso eles ficam por aí em cooperação, trocando dados, amigavelmente. Abril 64: O homem do Departamento de Estado dos EUA largou o papo de Honolulu — "aldeia global, gostemos ou não" —, citou cinquenta e cinco serviços que são globais em extensão. A cadeia de montanhas que divide Oahu, antes fortificada (guarnições de ameias para autoproteção quando atiravam flechas), agora tem túneis, permitindo a circulação da população. Guerras etc., parte da morte das estruturas político-econômicas. O trabalho social iguala o aumento do número de serviços globais. **III. COMO DIZ McLUHAN, TUDO ACONTECE DE REPENTE. A IMAGEM NÃO É MAIS UMA CORRENTE DE ÁGUA CAINDO SOBRE AS ROCHAS, INDO DO LUGAR ORIGINAL PARA O FINAL; É COMO TENNEY EXPLICOU: UM COMPLEXO VIBRANTE, ONDE QUALQUER SOMA OU SUBTRAÇÃO DE COMPONENTE(S), INDEPENDENTE DE POSIÇÃO(ÕES) APARENTE(S) NO SISTEMA TOTAL, PRODUZ ALTERAÇÃO, UMA MÚSICA DIFERENTE.**

FULLER: ENQUANTO UM SER HUMANO TIVER
FOME, TODA A RAÇA HUMANA TERÁ
FOME. **A planificação urbana está obsoleta. O que é**
necessário é um planejamento global para que a Terra
possa parar de pular como um polvo sobre seus
próprios pés. Buckminster Fuller usa sua
cabeça: ciência do "comprehensive design",[2]
inventário dos recursos mundiais. Conversão:
a mente dá voltas, não mais
preocupada com a própria direção. Utopia?
Autoconhecimento. Alguns o farão,
com ou sem LSD. Os outros? Oram
pela intervenção divina, crises, falta de
luz, sem água pra beber. *IV. Nós*
vemos simetricamente: canoa no lago
canadense do norte, estrelas no céu da meia-noite
repetido na água, margens arborizadas
precisamente espelhadas. Nossa audição é
assimétrica: os sons que percebemos nos surpreendem,
os ecos dos gritos que damos transformam nossas
vozes, a linha reta de som de nós para
a beira é seguida de ecos que deslizam
em volta do perímetro do lago. Quando eu
disse, "Cinquenta e cinco serviços globais",
o homem da California Bell Telephone replicou
(setembro 65), "Agora são sessenta e um".
As estações (criação, preservação,
destruição, repouso): esta era
a experiência e a ideia resultante (não é
mais: ele voa para o Rio). O que
usaremos quando viajarmos por aí? Um traje de verão
com ou sem ceroulas? Que tal
a ideia de Stein: as pessoas são
do jeito que sua terra e seu ar são? **V. Quando eu disse**
que a cultura estava mudando da

Renascença pro que ela é agora (McLuhan),
Johns objetou que o que ele disse era
uma supersimplificação. Mas Johns estava
falando de acordo com nossa experiência não-
-renascentista: campo total, multiplicidade não
enfocada. **Nós estamos, não estamos?**
socialmente falando, numa situação de
o velho morrer e o novo passar a
existir? Para o velho — pagar contas,
buscar o poder — tomar a atitude
do jogo: jogos. Para o novo — fazer o que
não é necessário, "levar areia de uma
parte da praia pra outra"
(Buckminster Fuller) — tomar a
atitude religiosa: cerebração.
(Celebram.) Todos se mandaram.
O gato e os filhotes foram levados para a
SPCA.[3] **A casa está cheia de pulgas.** VI.
Dizem que música totalmente determinada e
música indeterminada soam igual. Eu
visitei Hamada. Erguendo-se do
torno, ele disse, "Eu não estou interessado
em resultados; negócio é ir pra frente. A Arte
está em processo de retornar ao que lhe é próprio: a vida.
O lago é indefinido. A terra em volta
o envolve obscurecendo sua imagem, imagem
que precisa permanecer irrevelada. Cantada.
"Mundo flutuante." Chuva, cortina da
superfície do lago vento-varrida, além: segunda visão
(há outras, diz ele, uma com
névoa subindo). Ontem era calma
e reflexos, grupos de bolhas. Um
jardim americano: água, sem areia
vegetação, sem pedras. Trovão.
Sem pretensão, vou de um lago
para outro lago. Ar salgado. Lago Salgado. VII.

Nugh Nibley. Não o via desde os
dias de colégio. Perguntei-lhe o que
pensava de outros planetas e
populações sensíveis. Sim, disse ele,
por todo o universo: é a doutrina
mórmon. Dissemos adeus. Eu abri
a porta do carro, peguei minha
pasta de documentos e tudo que estava dentro caiu
na grama e na sarjeta. Seu
comentário: Sempre acontece algo
memorável. Coisas que íamos fazer, estão
agora sendo feitas por outros. Ao que parece
não estava em nós fazê-las (estávamos,
ou elas estavam, fora de nós?) mas, simplesmente,
prontas para entrar em qualquer cuca aberta, qualquer cabeça
suficientemente perturbada para não ter uma ideia
dentro. *VIII. O calor diário que nós*
experimentamos, meu pai disse, não é
transmitido pelo Sol para a Terra, mas é o que
a Terra faz em resposta ao Sol.
Medidas, ele disse, medem
meios de medir. Bashô: Matsutake ya
shiranu ko no ha no hebaritsuku.
A folha de alguma árvore desconhecida gruda
no cogumelo (Blythe). O cogumelo não
sabe que a folha está grudada nele
(Takemitsu). Projeto: Descobrir um meio de
traduzir textos escritos em extremo-orientês de modo que os homens do oeste
possam ler orientalmente.
Comunicação? Bakarashi! Palavras
sem sintaxe, cada palavra
polimorfa. **Ele queria que eu concordasse que**
o afinador de piano e o fabricante de piano não têm
nada a ver com isso (a composição).
Os mais moços tinham dito: quem quer que tenha feito
a tela não pode ser separado da

pintura. (E não para
aí.) IX. OLHANDO EM TODAS AS DIREÇÕES,
NÃO APENAS NUMA DIREÇÃO; Fazer casas
(Fuller) será, como a telefonia, um
serviço. Única circunstância pra que você não possa
ir morar lá: alguém já está morando
(está ocupado). Por isso, aprendemos a
desejar o vazio. Sendo incapazes de dizer
"Isto é meu", não vamos querer, quando
perguntarmos, receber resposta alguma. **4h da tarde**
no mundo todo. Gostemos
ou não (é o que ele disse),
está nos acontecendo. Os anúncios, são
todos bons; as notícias, todas más (McLuhan).
Mas a maneira pela qual recebemos más notícias pode mudar:
ficamos satisfeitos de ouvir falar da incrementação
do desemprego. Em breve, tudo o que será
solicitado de nós será uma hora
de trabalho por ano (Fuller). *X. Eles perguntam qual*
é o propósito da arte. É assim que
as coisas são? Digamos que houvesse mil
artistas e um só propósito, ficaria um
artista de posse dele e todos os novecentos
e noventa e nove restantes ficariam
chupando o dedo? **O letreiro de Arcata Bottom**
dizia: experimente sem parar e permaneça
humilde. "Escreva para o Centro para o Estudo
das Instituições Democráticas; eles
sabem tudo sobre serviços globais." Eu
escrevi. Eles responderam que não sabiam de nada,
sugeriram que escrevesse ao Departamento de Estado.
Os livros de que a gente precisava antigamente eram difíceis de
conseguir. Agora eles saem todos em
brochura. A sociedade está mudando.
É difícil obter informações relevantes.
Logo elas estarão por toda parte, despercebidas.

XI. ELETRÔNICA. Virá o dia em que vamos
morrer. *Há sempre menos o que fazer:*
as circunstâncias o fazem por nós. A Terra.
As velhas razões para fazer as coisas já
não existem. (Durma sempre que puder. Seu
trabalho continua sendo feito. Você e ele não
têm mais modo de separar-se.)
Nós tivemos a chance de fazê-lo
individualmente. Agora, temos de fazê-lo
juntos: globalmente. A guerra não será
conflito de grupo: será assassinato, puro
e simples, concebido individualmente.
Curiosidade, consciência. Eles voltaram ao
fato de que todos nós precisamos comer, para explicar
sua devoção pelo dinheiro, mais do que pela música.
Quando eu falei da equação, trabalho
igual a dinheiro igual a virtude, eles
me interromperam (não me deixaram dizer
que hoje em dia não há equação),
dizendo, "Como é que você pode falar de dinheiro e
virtude ao mesmo tempo?" **XII. ONDE**
NÃO PARECE HAVER NENHUM ESPAÇO,
SAIBA QUE NÃO SABEMOS MAIS O QUE É ESPAÇO,
TENHA FÉ, O ESPAÇO ESTÁ LÁ, DANDO ÀS PESSOAS
A CHANCE DE RENOVAR SUA MANEIRA DE
RECONHECÊ-LO, NÃO IMPORTA POR QUE MEIOS,
PSÍQUICOS, SOMÁTICOS, OU MEIOS
QUE ENVOLVAM EXTENSÕES DE AMBOS.
As pessoas ainda pedem definições, mas
agora é tranquilo que nada
pode ser definido. Muito menos a arte, seus
propósitos etc. Não estamos certos nem sobre
cenouras (se elas são o que pensamos que
são, quão venenosas elas são, quem
as desenvolveu e em que circunstâncias).
ELA FICOU INDIGNADA QUANDO EU SUGERI

O USO DE UM AFRODISÍACO POR QUÊ?
NATURALMENTE, ELA CONSIDERA A TV UMA PERDA DE TEMPO. XIII. O propósito de uma atividade já não está separado do propósito de qualquer outra atividade. Todas as atividades se fundem num único propósito, que é (cf. Huang-Po, Doutrina da Mente Universal) nenhum propósito. Imite as areias do Ganges, tornando-se indiferente ao perfume, indiferente à sujeira.
Influência. De onde ela vem? Responsabilidade? Os doentes agora são cardíacos. Narcisos, ficaram extasiados com emoções, propósitos, mistificados por viver no século vinte. Nós inventamos algo mais, não a roda. Entendemos os sistemas nervosos. McLuhan: *<u>Agenbite of Outwit</u>*[4] *(Local, primavera 63). (A incapacidade das pessoas para ficarem inativas. Como disse Satie: Se eu não fumo, alguém o fará em meu lugar. Participação da audiência, passividade ativa.)* XIV. Desde que o Espírito é onipresente, há uma diferença nas coisas mas não no espírito. McLuhan foi capaz de dizer "O meio é a mensagem" porque começou por não se preocupar com o conteúdo. Ou escolher quantidade, não qualidade (a qualidade sai na urina): i.é., nós gostaríamos de ficar vivos, as mudanças que estão ocorrendo são tantas e tão interessantes. A composição terá, ele disse, cada vez menos a ver com o que acontece. As coisas acontecem mais depressa. Um dos sinais que você vai encontrar e

que lhe dirão que as coisas vão indo bem é
que você e todos os caras que você conhece estarão
habitando leves casas
Dymaxion, desvinculadas da propriedade e
das violadas paragens da Terra (leia
Fuller). **XV. Sorrindo, ele disse: deixe
os velhos saírem; não há mesmo
muito a fazer com eles.
Distrações? Interrupções? Bem-vindas.
Elas lhe dão a chance de saber
se você está disciplinado. Assim
você não precisa se aborrecer por sentar
com as pernas cruzadas na posição de lótus.**
Fonética. *Ele era um físico e um
compositor-de-computador nas horas vagas.
Por que era tão estúpido? Por que era
de opinião que a única coisa
que pode engajar o intelecto é a
medição das relações entre as coisas?
Quando alertado para o fato de que sua mente podia mudar,
sua resposta foi: "Como? Por quê?"* O conflito
não estará entre pessoas e pessoas mas
entre pessoas e coisas. Neste
conflito vamos tentar regular as coisas de forma que
o resultado, como em filosofia, nunca
seja decisivo. Trate os pinheiros, por
exemplo, como entidades que têm ao
menos uma chance de vencer. **XVI. Ele
vagueia pelos mercados como se
eles fossem florestas e ele, um explorador
botânico (não joga nada fora). Lago.
Leve aquilo em que você está trabalhando com
você; isto é, se você tem
algo a fazer. Brechas. Que pena
que ela se sentisse obrigada a resolver
as coisas por conta própria! (Não há**

praticamente cozinha, diz ele, e
já se verificou que
o dinheiro tem sido economizado.) México.
Os europeus ainda estão contra.
Eles parecem solicitar um centro de
interesse. Eles compreendem a tragédia, mas,
a própria vida (e toda arte que é como ela)
os perturba, parece insatisfatória.
Temos sede de entretenimento
(agradecimentos às duas mulheres). XVII. No que
fiquei com raiva, eu simplesmente alterei minha
bioquímica, levando duas horas para me
recuperar. Entretanto, as circunstâncias
continuaram caracterizadas pelo hábito. *Indo*
em diferentes direções, a gente consegue, em vez de
separação, um sentido de espaço. **Música como**
discurso (jazz) não funciona. Se
você vai armar uma discussão,
faça-o e use palavras. (Diálogo é
um outro papo.) Atos e fatos.
Gota d'água que faz o copo transbordar: O fato de
eles dizerem Não (eles anunciam que vão
dizer Sim). *Princípios? Então tudo é*
intolerável. Sem princípios (o que
não quer dizer que vamos deixar de ficar
furiosos). Então? Nós nadamos, afogando-nos aqui
e ali. Eu preciso escrever e lhe falar
sobre a beleza, a urgência de evitá-
-la. XVIII. Ouvindo falar de atos do passado,
(política, economia), as pessoas logo
não conseguirão mais imaginar como tais
coisas podem ter acontecido. A fusão
de política com economia preparou
o desaparecimento de ambas. Ainda
invisível. Chegando, perceber que
nunca partimos. Ele mencionou cabeças

no teto. Ao vê-las, também
o notamos. Fusão de cartão de crédito com
passaporte. Meio de fazer ouvir a
própria voz: a recusa de aceitar o cartão de crédito.
Fim do mês? Isso também pode ser
mudado: a medida do tempo,
seja qual for a estação, seja
noite ou dia. Em qualquer caso, nada de contas,
só informação adicionada. **"Vá com calma,**
mas vá." Que faremos? (Antes
do almoço.) "Dê-lhe asas." **XIX. Se eu quiser uma lista dos**
serviços globais disponíveis, como a
consigo? Longas e custosas correspondências?
(O Pentágono aconselha telefonar.) Eu vou
escrever ao Presidente (dos Estados Unidos), ao
Secretário (de Estado dos Estados Unidos).
Se o tempo for passando, perguntarei àqueles que eu
encontrar se eles têm alguma
informação. (McLuhan não tinha nenhuma.)
Vou escrever ao Fuller. Devia ter feito
isso em primeiro lugar (Papa Paulo,
Lindsay: Tomem nota). O aficcionado (costumava dizer
"Não mexa nisso") agora fala de
participação da audiência, sente que algo,
tudo, é necessário, poderia ajudar. Desenvolva a
panopticidade da mente (Ouça). **O QUE IRÁ**
ACONTECER QUANDO A INTELIGÊNCIA FOR RECONHECIDA
COMO UM RECURSO GLOBAL (FULLER)?
AS ORGANIZAÇÕES POLÍTICAS — DESISTINDO
DO ENVOLVIMENTO COM O JOGO (PARCEIROS,
OPOSITORES) E DO ENVOLVIMENTO COM OBJETIVOS
INATINGÍVEIS (VITÓRIAS, VERDADES,
LIBERDADES) — SIMPLESMENTE SE APAGARÃO DO
QUADRO. A IMAGEM EMERGENTE É A
DAS UTILIDADES (GÁS, ELETRICIDADE,
TELEFONES): INQUESTIONÁVEIS, EMOCIONALMENTE

INEXCITÁVEIS. XX. O que é um desenho?
Ninguém mais sabe. Algo
que não requer que você espere secar
enquanto você está fazendo?
Algo no papel? O diretor do museu
disse (Tobey, Schwitters): "É uma
questão de ênfase." Ação de graças.
Arte. Plano de transporte (finalmente sem
despesas, a condução reconhecida
como o que ela é: uma extensão de cada ser
humano e sua bagagem): para curtas distâncias,
caro (táxi de um prédio pra outro
é um luxo), longas viagens, barato como lixo
(cruzar continentes, oceanos). Efeito do
videofone sobre as viagens? Que nós
ficaremos em casa, dando uma de deuses, por causa
da impressão que daremos de estarmos
em todos os lugares ao mesmo tempo? *XXI. Em toda parte*
em que economia e política predominam
(toda parte?), é a lei da selva.
Veja as tarifas de táxi nas diversas cidades. Numas
mais caras que nas outras. O motorista que vai de uma para
outra tem de voltar vazio. Um relaxamento
das regras, dos laços (casamento, p. ex.) é
aconselhável. Agora que temos
rodovias de quatro pistas, já não temos nenhum uso para
elas. (Bom pra patinação, ele disse.)
Recuse juízos de valor. **Dado que**
os atrasos eram desordenadamente longos,
as mudanças são agora bem-vindas. A propaganda
desacreditou-se. Quando eles
anunciam alguma coisa, nós a evitamos.
Não há nada que nós realmente precisemos fazer que
não seja perigoso. Os artistas
da Rua Oito sabiam disso há muitos anos: falavam

constantemente de risco. Mas o que significa risco?
Perder alguma coisa? Propriedade, vida?
Princípios? A forma de perder nossos
princípios é examiná-los, arejá-
-los. XXII. O céu já não é
pavimentado de ouro (mudanças
na arquitetura das igrejas). O céu é um motel.
Ele mudou uma parte do coro: carpete
de parede a parede. TV portátil. Sem conflitos.
Vinte e duas chamadas telefônicas foram feitas
por Betty Zeiger, "rompendo a eficiência
das agências federais . . . dedicadas à
busca da paz". **O Departamento de Estado**
disse que o representante do Havaí era uma mulher.
Cinquenta e cinco (agora sessenta e um) serviços globais
estão na área das humanidades "além
da mera provisão de alimento/abrigo". **Não são**
serviços tecnológicos. *Departamento de Estado:*
A aldeia global se desenvolveu a partir das
"Aldeias Literárias" (plano para a
melhoria da vida na Índia). "Nós somos
pacotes de água gotejante." "A próxima
água que você beber, pode ser a sua."
XXIII. CHAMEMO-LA DE
CONSCIÊNCIA COLETIVA (JÁ TEMOS
O INCONSCIENTE COLETIVO). A
QUESTÃO É: QUAIS SÃO AS COISAS DE QUE
TODOS PRECISAM, À PARTE OS GOSTOS
E AVERSÕES? COMEÇO DE RESPOSTA:
ÁGUA, ALIMENTO, ABRIGO, ROUPAS,
ELETRICIDADE, COMUNICAÇÃO
AUDIOVISUAL, TRANSPORTE. FORMA
DE RESPOSTA: UMA REDE GLOBAL DE UTILIDADES. Não
tema que sua vida diária não
permaneça (ou se torne, conforme o caso)

desorganizada, caracterizada pelo caos,
iluminada anarquicamente, à medida que o globo organiza
a utilidade. Você
não terá nada o que fazer; então, o que fará
você? Uma universidade vitalícia
(Fuller)? **No saguão, depois que a**
música de La Monte Young parou,
Geldzahler disse: É como estar num útero; agora que estou fora,
quero voltar pra dentro. Eu senti diferentemente, assim como
Jasper Johns: nós ficamos aliviados por sermos
liberados. XXIV. Saber-ver,
adaptar-se à realidade. *Anscombe é*
uma feminista, insiste em usar calças.
Obrigada a dar a palestra de
vestido, levou um consigo,
vestiu-o, deu a palestra, tirou-o,
foi pra casa (lecionando todo o tempo) de
calças. Como lhe disseram: "Quando você vai se
despir de suas ideias?" Não tem
escapatória. Billy Klüver disse que uma decisão
de um juiz na América do Sul (p. ex.) é
tomada como precedente por um juiz na Suécia.
O trabalho de Brown (Vida Contra Morte) é
profético (também a observação de De Kooning: não temos
mais tragédia; a situação em que um
indivíduo pode estar é somente patética):
a sociedade como massa é que precisa de
psicanálise. (Por isso a perversidade
polimorfa, a necessidade de Utopia). Diante de
bilhões, ao contrário de Nehru, temos de
tratá-los como uma única pessoa. **XXV. ELA**
DIZ QUE A VIDA É COMO UMA PAREDE BRANCA,
IMPASSÍVEL. DEDUÇÃO CORRETA: ELA ESTÁ
AMANDO. Klüver: a ITU faz um rol de muitos
acordos internacionais, a saber: código Morse,
telegramas, telefones, rádios, televisão,

sinais de emergência, informações
meteorológicas, frequênclas e potências
de estações, meios de prevenir
a estática. “Como seria se esses
acordos não existissem?” (Pergunta à ITU.)
“Não se teriam notícias, fotos nos jornais,
programas de rádio de intercâmbio, recepção
de rádio livre de estática,
previsões meteorológicas, alertas contra
tempestades, segurança no mar, no ar.”
Klüver informa: a ITU (International
Telecommunication Union) foi
estabelecida em 1865 (nove anos
mais velha do que a UPU — correio — e dezessete
mais velha do que os acordos sobre ferrovias). XXVI.
A verdade é que tudo é causa
de tudo. Não falamos, pois
que uma coisa causa outra. Não
há segredos. É só que pensamos que eles
disseram morto quando disseram torto. Ou
que não tínhamos ligado quando
se deu a transmissão. **Tendo**
ouvido falar de serviços globais, Barnett
Newman enfatizou a importância das
artes. A sociedade tem
gravadores, programas de rádio, e também
leis de copyrights (que ela pensa
em ampliar). (Tropeça em si mesma.) Livrar-se
dos copyrights (este texto é
copyright). Estamos fazendo
interpenetrações não especialistas.
Automação. **Alteração da sociedade**
global através da eletrônica, de maneira a que o mundo
venha a girar por meio de inteligência
unida em lugar de por meio de
uma inteligência divisionista (política,

economia). Digamos que esta ideia não tem base em fatos, mas surgiu após se ter varrido a desinformação. Sem suor. Surgiu (a ideia existe, é fato.) XXVII. Não imagine que não há muitas coisas a fazer. Nós precisamos, por exemplo, de uma tecnologia totalmente sem fio. Assim como as cúpulas de Fuller (cúpula dentro de cúpula, translúcidas, plantas dentro) darão a impressão de já não se viver em casa nenhuma (espaço externo), assim toda a tecnologia precisa caminhar em direção à maneira como as coisas eram antes de o homem começar a mudá-las: identificação com a natureza na sua maneira de operação, mistério completo. A profecia de Fuller, no fim do perfil que o Tomkins fez dele, acabou sendo eliminada (New Yorker) pelos editores. Assunto: rede global para força elétrica (incluindo a China, que participaria por um princípio de praticidade). As observações de Fuller são consideradas risíveis diante do blackout de novembro. (Precisamos de um outro blackout, um não tão agradável, um que sugira que usemos nossas cabeças como Fuller usa a sua). **XXVIII. Nós envenenamos nosso alimento, poluímos nosso ar e nossa água, matamos pássaros e gado, eliminamos florestas, empobrecemos, depredamos a terra. Somos altruístas, hábeis: incluímos nos nossos atos a executar — já tivemos um ensaio — o último deles. Como você o chamaria? Nirvana? "Não só a instantânea comunicação verbal universal foi prevista por David Sarnoff, mas também a televisão**

instantânea, jornais instantâneos, revistas
instantâneas e serviço telefônico visual
instantâneo . . . o desenvolvimento de um tal sistema global de comunicações
deveria unir as pessoas em toda parte . . . para
reorientação em direção a um 'conceito
unimundial de comunicação de massas numa
era marcada pelo surgimento de uma
linguagem universal, uma cultura
universal e um mercado comum
universal'." **XXIX. POPULAÇÃO.**
A arte obscureceu a diferença entre
arte e vida. Deixemos agora a vida obscurecer
a diferença entre vida e arte.
A vida de Fuller é arte: a ciência
do "comprehensive design", inventário dos recursos
mundiais (se já existe bastante cobre
minerado, reuse-o, não minere mais:
o mesmo para as ideias). O mundo precisa
ser ordenado Será como viver uma
pintura de Johns: Estrelas e
Listas serão utilidades, nossas vidas
diárias as pinceladas. *McLuhan: O trabalho é*
obsoleto. Por quê? O trabalho envolve
parcialmente atividade. A atividade agora
é necessariamente envolvimento total (cf. o
trabalho dos artistas, trabalho não envolvido em
ganho). Por que total envolvimento?
Eletrônica. Por que tudo-ao-mesmo-tempo?
A maneira pela qual nós-coisas somos. Yathabhutam.
Onde houver uma tradição de
organização (arte), introduza desordem.
Onde houver uma tradição de
desorganização (sociedade mundial),
introduza ordem. Estas diretrizes não são
mais opostas uma à outra do que

uma montanha ao tempo de
primavera. "Como é que você pode crer nisso quando
crê naquilo?" Como não posso?
Longa vida.

Mies van der Rohe disse: "O menos é o mais." Concordo com ele completamente. Ao mesmo tempo, o que me preocupa agora é a quantidade.

• • •

Quando recebi uma carta de Jack Arends pedindo-me uma palestra no Teachers College, respondi e disse que eu gostaria, que ele só precisava me dizer a data. Ele disse. Então eu disse ao David Tudor: "A conferência está tão próxima que eu não creio que tenha tempo de escrever as noventa histórias; nesse caso, de vez em quando, vou ficar de boca fechada." Ele disse: "Vai ser um alívio."

• • •

Um compositor imundo estava tentando explicar a um amigo como era sujo um cara que ele encontrara recentemente. Disse ele: "Ele tem sujeira nas mãos, no meio dos dedos, tanto quanto você e eu temos no dedão do pé."

• • •

Uma senhora carregando um monte de pacotes subiu num ônibus da 3ª Avenida. Antes que ela tivesse tempo de se sentar, o ônibus andou. Os pacotes caíram, vários deles em cima dum bebum que estava resmungando sozinho. Olhando pra madame meio perereco, disse: "Quéissho, pô?" A mulher respondeu com solicitude: "São presentes de Natal, meu bom homem, o senhor sabe, é Natal." "Diabo", disse ele, "isshofoianopasshado."

• • •

David Tudor dá a impressão de não ser muito chegado aos cogumelos. Mas uma noite ele comeu duas porções de "moréis" e depois limpou a travessa, inclusive o molho. Na tarde seguinte, enquanto ele se barbeava, eu li alto a seguinte citação de Leonardo da Vinci: "Vede! Alguns há que não se podem chamar mais do que uma estrada de comida, produtora de detritos, enchedores de latrinas, pois deles nada mais aparece no mundo, nem há nenhuma virtude em seu trabalho, pois deles nada sobra além de latrinas cheias." David Tudor disse: "Talvez eles fossem bons budistas."

• • •

Minha avó era às vezes muito surda, e outras vezes, particularmente quando alguém estava falando dela, não era nada surda. Um domingo, ela estava sentada na sala de estar, bem na frente do rádio. Estava com um sermão ligado tão alto que podia ser ouvido por todos os prédios vizinhos. Mesmo assim, ela estava ressonando e roncando. Eu entrei na sala na ponta dos pés, pretendendo pegar um manuscrito que estava no piano e sair de novo sem despertá-la. Quase consegui. Mas quando eu já estava na porta, desligou-se o rádio e vovó falou ríspida: "John, você está preparado para a segunda vinda do Senhor?"

• • •

No dia seguinte àquele em que eu finalmente ganhei o concurso da TV italiana sobre cogumelos, recebi anonimamente, pelo correio, o volume II de um livro francês sobre cogumelos que tinha sido publicado na Alemanha. Eu o estava estudando num bonde cheio, indo para a cidade baixa em Milão. A senhora ao meu lado disse: "Pra que o senhor está lendo isso? O concurso já terminou."

• • •

"Elisabeth, está um lindo dia. Vamos dar um passeio. Talvez encontremos alguns cogumelos. Se encontrarmos, nós os colhemos e comemos." Betsy Zogbaum perguntou a Marian Powys Grey se ela conhecia a diferença entre os bons cogumelos e os venenosos. "Creio que sim. Mas imagine, querida, como a vida seria chata sem uma certa incerteza."

Imediatamente antes de sair para Saskatchewan, para conduzir um seminário de música no Lago Emma, em julho de 1965, recebi uma solicitação de um editor da *Canadian Art* para um artigo com mil e quinhentas palavras. Como eu andava ocupado com vários projetos, estava a ponto de responder que não tinha tempo, quando notei que estaria no seminário por quinze dias, e que se eu escrevesse cem palavras por dia não seria muito para mim, e a revista teria o que queria. Então respondi com certa firmeza, dizendo ao editor que eu só o faria se ele aceitasse meu trabalho antecipadamente, não o mudasse de forma alguma tipograficamente, e me deixasse ver e corrigir as provas (eu ainda estava chateado com os editores da *Kenyon Review* por causa da forma como tinham tratado meu texto sobre as *Cartas* de Arnold Schoenberg). Tudo foi acertado, e quando vieram as provas, não havia nada a corrigir. Todavia, quando o artigo foi impresso em janeiro de 1966, saiu acompanhado de um prefácio que sugeria o estado mental que o leitor devia ter se quisesse desfrutá-lo. Seguiam-se notas explicativas. Todo esse material foi omitido aqui.

Em lugar de diferentes tipos, usei parênteses e itálicos para distinguir uma proposição de outra. Pus o texto num único bloco, como um parágrafo de prosa. Além disso, usei a disciplina-mosaico de escrever descrita na nota que precede *Diário: Como melhorar etc. 1965*.

DIÁRIO: SEMINÁRIO DE MÚSICA DE EMMA LAKE, 1965

15 de agosto. A função do compositor é diferente do que era. Lecionar, também, não é mais transmissão de um corpo de informações úteis, mas é conversação, a sós, juntos, num local combinado ou não, com gente por dentro ou por fora do que está sendo dito. A gente fala, mudando de uma ideia pra outra como se fôssemos caçadores. *Lago Christopher Linha Quatro Chamar Dois-Um.* *Telefonista não responde.* Todos que estão chegando ainda estão chegando, outros partindo por um dia. (Por música nós entendemos som; mas o que é tempo? Certamente não algo que começa e acaba.) 16 de agosto. Hoje é o dia de abertura do seminário, mas, devido às circunstâncias — um concerto em Saskatoon —, abriu ontem. *Amanhã?* (Cacei cogumelos por aqui. Me perdi.) (Perdi o almoço.) *Correspondência.* Ouvindo música, o que faço? Aquelas convenções musicais me levam a reconhecer relações. Elas não exercitam minha faculdade de atingir a impossibili-

dade de uma memória auditiva que fosse suficiente pra transferir de um evento semelhante pra outro a impressão na memória (parafraseando Duchamp). Eu consegui, no caso de Mozart, ouvir entusiasticamente os sons ligados do clarinete. Eles me *lembravam* do feedback [realimentação]. 17 de agosto. Plano: encontrarmo-nos como um grupo todos os dias às quatro da tarde para discussão de minhas preocupações atuais: música sem mensurações, som passando através das circunstâncias. ¶ A sala em que nos reunimos é um laboratório de biologia. Há um piano e uma estufa para secar fungos. Deixamos nossa música sobre mesas (cada um no grupo tem acesso aos outros, enquanto músicos). *Cada pessoa tem liberdade de me trazer seu trabalho, discuti-lo comigo particularmente. Tudo o mais que acontece, acontece livremente: indo pegar um jarro d'água na bomba, eu passo pelo laboratório; dois deles estão lá falando de Vivaldi.* 18 de agosto. O primeiro estudante foi fácil de ensinar: i.é., não considere sua composição terminada antes de ouvir sua execução. (Hoje tivemos o segundo encontro de grupo. No primeiro, eu tinha descrito as *Variações V*, para a qual ainda não fiz uma "partitura". Isso me envolveu numa breve história da música eletrônica e finalmente em uma descrição das antenas, dispositivos fotoelétricos etc., que capacitaram os movimentos da dança a ativar fontes sonoras.) Mais dois estudantes me visitaram: um com um poema e sentido dramático. O outro é jovem. Será que ele também é dotado? 19 de agosto. (O geólogo se vai amanhã. Nossos papos o envolveram na música com computador; há um computador em seu escritório em Calgary. Ele já tinha escrito música sinfônica, que nenhuma orquestra tocou. Agora ele vê música como programação.) Parece uma caçada maluca: examinar o fato da composição musical à luz das *Variações V*, vendo composição como atividade de um sistema sonoro, seja construído de componentes eletrônicos, seja de "componentes" que a cabeça pode comparar (escalas, controles intervälicos etc.) *Mais cinco pessoas no seminário de hoje.* 20 de agosto. Hoje é ontem. O que aconteceu? Caça de fungos; almoço; tomei notas sobre a espécie *Leccinum*; discuti seu trabalho com dois compositores; continuei a indagação sobre os componentes — discutindo Young, Brown, Kagel; jantar — a comida está ficando um assunto sério: não há verduras; palestras de Alloway sobre pop e op; giro de barco depois da meia-noite: "Uau!" *Comecei a mostra de cogumelos na sala de jantar, dando os nomes latinos e fazendo observações sobre comestibilidade.* Há aqui um jovem poeta convincente (sua postura física, sua energia de espírito, seu rosto). Ele quer que sua poesia seja útil, que melhore a sociedade. Só tornará as coisas piores (Kwang--tsé)? 21 de agosto. [Ele manja de cânon e permutações. Será que ele precisa entender de variações (papo de Alloway sobre arte op e sistemática)?] É o lugar, o povo, a terra e o ar com mosquitos e tudo, mais do que música e pintura: zoólogos, poetas, ceramistas, eles também estão nessa. *Buckminster Fuller: a praticabilidade de viver aqui ou lá.* Um professor devia fazer algo mais do que preencher lacunas. (Dei minha palestra *Para onde estamos indo? E o que estamos fazendo?* — quatro textos superpostos. Parece-me que a vida já quase a desertou.) *Perguntas.* Sem tundra, mas um sentido nórdico de elevado bem-estar. ¶ Outra despedida. 22 de agosto. Lindner convidou vários de nós para ver suas pinturas: observação da natureza — troncos com musgos e liquens naturais; hábil descrição do que ele vê. Sua devoção é pelos seus primeiros planos; os fundos são melhores quando ele não os faz: simplesmente deixa a superfície sem pintar. Vienense, ele se instalou em Saskatchewan. Autodidata, passou a vida ensinando os outros nas escolas superiores por aqui. *Colhemos framboesas selvagens.* Alloway: informado, inteligente, simpático; Godwin sempre em frente: conversação sobre pinturas de Godwin. (Diário.) Rick Miller e eu colhemos muitos *boletos.* Plano: cozinhá-los, digamos, para vinte pessoas. Mas que vinte? As pessoas se tornaram uma família. Afortunadamente, havia cogumelos suficientes para todos (todos que ousassem comê--los). 23 de agosto. O cara com o poema está indo muito bem, dada a estrutura, escrevendo partes, partitura depois. *Enviei pelo correio cogumelos secos com notas e marcas de sementes ao Smith.* Vários saíram, depois do almoço, para o pântano de Lindner. Achei um grande sortimento de *Hydnum repandum*. Quando os outros se foram para um lago vizinho, eu me recusei. Combinamos encontrar-nos na estrada às 4 horas. Às 3 e 30 comecei a volta. Às 4 me apressei. Às 6 e 30, perdido. Gritando, assustei um alce. 8 horas, escuridão, sapatos encharcados; instalado para a noite numa toca de esquilos. (Família de pássaros; vento nas árvores, árvore contra árvore; pica-pau.) Fogo. ¶ *L. aurantiacum* fritos. Cigarros racionados (um cada três horas: eles durariam até o meio-dia). Pensei na direção (sem estrelas). Onde é o norte? raio de 6 pés. 24 de agosto. Céu nublado. 6 horas em busca de lugares secos, irritado (7 horas): volta em círculo completo (observei se tinha apagado o fogo). Objetivo: andar numa só direção. *Cogumelos*. Perdi os cigarros e o papel encerado. Reconheci a picada interligando os dois lagos. Visitando o maior, passei por uma *Amanita virosa.* 9 horas: ouvi uma buzina. Gritei. Recebi resposta. Don Reichert e Rick Shaller me acharam. Amizade vs. natureza: zuarte de St. Ives, sanduíches de presunto e canoa. (Distingui entre os sons e as relações entre eles: nenhum som.) *Cozinhei hydnums. Dei aula.* Busca organizada por Jack Sures, ceramista. Homens do DNR. Cinquenta pessoas, a maioria artistas. Helicóptero. Cão. Jeep. À noite, holofotes, gritos, buzinas. Aquela noite também: cuca fundida, cabana destruída pelo fogo, a sra. Kaldor hospitalizada. 25 de agosto. Discussão: fuga. (A pergunta permanece sem resposta.) Ouvindo várias gravações de sua música, fiquei chocado pela diferença entre as seções, sem transições. Sugeri levar isso ao extremo (Satie, McLuhan, jornal): sem me importar com cadências. ¶ Não fiz esforço ("trabalho não executado não está acabado") para o concerto do seminário. Portanto, ele aconteceu e cheio de habilidade: solos de piano por Ted Bourré, execução do poema de Duncan (duas vozes-canto, fala, dois pianos e percussão) por Martin Bartlett. Tocaram também músicas de Jack Behrens, Boyd McDonald e minhas. (Tendo perdido a leitura de poesia, ouvi uma gravação. Gerry Gilbert falou de poesia falada em vez de palavras numa página. Como uma dança: humana por natureza.) 26 de agosto. *Art McKay.* O que aprendemos não é o que nos ensinam nem o que estudamos. A gente não percebe que está aprendendo. Algo sobre a sociedade? Que se o que acontece aqui (no Lago Emma) acontecesse lá (em Nova York), coisas como passeatas e greves, guerras orientais inexplicadas, não aconteceriam. Algo sobre arte? Que ela é experiência compartilhada? Que precisamos ter tido a experiência antes de ter a arte? (Rock'n'Roll. Duas palavras prestando serviços ao norte com amplificadores, alto-falantes, as damas vestidas de prateado.) *Autoeducação.* [Seminário (último dia): respondi a questões sobre notação gráfica.] A sala de jantar transformou-se em salão de baile. 27 de agosto. Os índios Cree, antigamente, achavam fungos debaixo da terra, em blocos chamados Pão Indiano. Os índios do lago Montreal com quem falei, alguns já idosos, nunca ouviram falar disso. Os autênticos desenhos índios já não são geométricos: são florais. *Se eles pedirem pra você escrever alguma música e lhe disserem que música você deve escrever, a duração etc. (uma encomenda), faça o que eles pedem, eu lhe disse, e tudo o mais, ainda, que você puder.* (Partidas a toda hora; gente chegando, indo e voltando; diferença de direções; a sra. Kaldor, que assou as tortas de vacínio e de framboesa, ainda no hospital. Fui comprar mocassins.) 28 de agosto. Ele tinha escrito uma composição num estilo e estava terminando uma encomenda em outro. O que eu pensava disso? O.K. (O projeto de cem anos em Regina: montanha artificial (desliza), lago artificial (mato crescendo), universidade. A terra é plana. Que maravilha se ela pudesse ficar assim, as pessoas vivendo subterraneamente, prontas para a surpresa diária de vir à superfície!) Por que partimos antes do tempo? Circunstâncias? As distâncias a percorrer? O fim de semana? Havíamos estado juntos e assim poderíamos nos separar? ¶ Dera-se um roubo. Nenhum dos quadros foi roubado, só a coleção de moedas. *Saskatchewan.*

Peck diz que se as coisas vão bem em jardins, pode-se esperar que, em bosques, campos e locais desolados, se encontrem plantas selvagens indo igualmente bem.

• • •

Num inverno, David Tudor e eu estávamos viajando pelo Meio-Oeste. De Cincinnati fomos de carro para Yellow Springs a fim de nos reunirmos em um encontro com Merce Cunningham e sua Companhia de Dança. Foi assim que encontramos os McGarys. Keith estava ensinando filosofia no Colégio de Antioquia e Donna ensinava tecelagem e balé. Minha conversa com Keith McGary mal começara quando descobrimos nosso mútuo interesse por cogumelos. Eu disse que nunca vira a hibernal *Collybia velutipes*. Ele abriu a porta da frente e, usando uma lanterna, mostrou-me a planta que crescia na neve, no toco de uma árvore ao lado. Falou-me das dificuldades de encontrar livros sobre fungos. Dei-lhe meu exemplar de Hard, que tinha levado comigo. Esse livro trata especialmente dos cogumelos de Ohio. No dia seguinte localizei dois exemplares do livro num sebo em Columbus. Comprei ambos. Nos invernos seguintes passei a encontrar a *Collybia*, a de pés veludosos, em quantidade. Como é que eu não a tinha notado nos invernos anteriores ao meu encontro com Keith McGary?

Lois Long, Esther Dam, Ralph Ferrara e eu estávamos no cemitério de Haverstraw, recolhendo *Tricholoma personatum*. Uma senhora idosa, de chapéu, que espreitava enquanto um homem, com quem estava, cuidava de uma sepultura, notou nossa presença. Ela nos chamou, perguntando o que estávamos fazendo ali. Dissemos que estávamos procurando cogumelos. Sua voz subiu um pouco quando perguntou se o Volkswagen de Lois Long, estacionado ali perto, pertencia a um de nós. O que ela perguntou em seguida, a voz já mais aguda, foi se tínhamos algum ente querido enterrado lá. Ao saber que não, falou firme e forte: "Bem, eu não gosto disso; e acho que ninguém mais gostaria. Se os cogumelos crescem aqui, deixem-nos!" Enquanto isso, o homem que a acompanhava não prestava atenção. Prosseguiu fazendo seu trabalho. E nós, caminhando respeitosamente para o carrinho, passamos por quantidades de nossos cogumelos favoritos, sem a menor tentativa de apanhá-los. Quando partimos, a mulher estava gritando: "Caiam fora", berrava ela, "Caiam fora e nunca mais voltem!"

• • •

Na Ilha Yap, fungos fosforescentes são usados como ornamentos de cabelo em danças ao luar.

O compositor André Boucourechliev conduziu uma enquete sobre as atitudes frente à *Música Serial Hoje*. Eu contribuí com o artigo que se segue. Ele foi publicado em *Preuves* (Paris), março de 1966.

SERIAMENTE VÍRGULA!

Admitindo que, seja o que for, uma coisa segue a outra (Wolf: "torna-se uma melodia"), que não há espaço entre atividades (*Variações III*), concorda-se que não se trata aqui do fato-linear bidimensional (ou multiplicidade de tais fatos inter-relacionados) mas campo-fato interminável, sem-início. O espaço, milagre, surge então onde não havia nenhum.

McLuhan insiste na 1ª página do jornal como o protótipo da existência atual. Lendo, já não lemos sistematicamente (concluindo cada coluna ou mesmo virando a página para concluir um artigo): nós pulamos.

McLuhan (*Gutenberg Galaxy, Understanding Media*) de novo: "Que a imprensa (alfabeto; *b* se seguindo a *a* inflexivelmente) fez a Renascença é evidente. A eletrônica, igualmente, está nos fazendo."

ELA GASTA SEU
TEMPO CONTANDO OS
CARROS QUE PASSAM;

A MÚSICA NÃO ESTÁ ESPERANDO, MAS CANTA A DISSOLUÇÃO FINAL DA POLÍTICA-ECONOMIA DE MODO QUE, EM TROCA, DIGAMOS, DE UM DIA DE TRABALHO POR ANO, CADA UM RECEBA SEU CARTÃO-DE CRÉDITO-PASSAPORTE (ACESSO AO QUE A RAÇA HUMANA-DA-ALDEIA-GLOBAL TEM A OFERECER).

Uma coisa ele disse: "Já há bastante do desconhecido." Estava ele pensando em algo como um tempero ou vitamina, adicionável em qualquer medida a algo diverso, algo conhecido? Sabendo, como sabemos, que a gravidade não age, o que consideraremos que sabemos?

Invada áreas onde nada é definido (áreas — micro e macro — adjacentes à que conhecemos agora). Não vai soar como música — serial ou eletrônica. Vai soar como o que ouvimos quando não estamos ouvindo *música*, só ouvindo qualquer coisa em qualquer lugar que estejamos. Mas para conseguir isso, nossos meios tecnológicos têm de estar em constante mudança.

Eu lhe perguntei o que é uma partitura musical agora.
Ele disse que era uma boa pergunta.
Eu disse: É uma relação prefixada de partes?
Ele disse: Claro que não; isso seria insultuoso.

ELES DISSERAM ALGO ENVOLVENDO SÍMBOLOS — RELACIONAMENTOS LINEARES — QUE ME FEZ PENSAR QUE ELES NÃO ENTENDIAM. MAS ENTÃO ELES DISSERAM ALGO MAIS — QUE OS DIAS DE A ESCOLA FICAR ABERTA SERIAM IMPREVISIVELMENTE ARRANJADOS. O RESULTADO FOI QUE PASSAMOS UM DIA AGRADÁVEL JUNTOS.

Acusação: você abre portas; o que queremos saber é quais você fecha. (As portas que eu abro fecham-se automaticamente depois que eu passo.)

A coisa mais ofensiva na série é a noção de que ela é o princípio do qual todos os acontecimentos fluem (seria perfeitamente aceitável que uma série entrasse numa situação de campo). Mas a predição da série iguala a harmonia, iguala a mente humana (imutável, usada como obstáculo, não como um componente fluido, aberto dos dois lados)!

Ligar coisa com coisa permanece um privilégio de cada indivíduo (p. ex.: *Eu*: sedento: *bebo um copo d'água*; mas esse privilégio não deve ser exercido publicamente, exceto em emergências (não existem emergências estéticas).

PERMISSÃO CONCEDIDA. MAS NÃO PARA FAZER TUDO QUE VOCÊ QUISER.

Espécies (de peixes), separadas e rotuladas, não é o mesmo que um aquário, agora: uma grande casa d'água de vidro com peixes não identificados nadando livremente. Observação — Descoberta.

Presentemente, parece ser uma série de componentes — um sistema sonoro —, mas é uma série de *componentes*, não uma *série* de componentes. Logo será feito sem fio; então não parecerá mais diferente do que já, essencialmente, é: *não* uma série de componentes.

Já não se trata de as pessoas serem conduzidas
por alguém que assume a responsabilidade.
É como diz McLuhan: uma situação tribal.
Precisamos de ajuda mútua para fazer (colheita, arte)
o que tem de ser feito.

Mexendo com linguagem (enquanto espero por algo além da sintaxe) como se fosse uma fonte sonora que pudesse ser transformada em tatibitate.

TEM DE SER FEITO DE UMA FORMA QUE NÃO POSSA SER ENSINADA (ELE SIMPLESMENTE ME PASSOU UM ESPÉCIME E FOI BEM GENEROSO EM DIZER: É FÁCIL DE IDENTIFICAR. NÃO DISSE MAIS NADA. ENTÃO NOTEI AS FOLHAS OPOSTAS ARRANJADAS ALTERNADAMENTE NO CAULE EM ÂNGULOS RETOS.) RESTA VER SE VOU ME LEMBRAR, SE TEREI TEMPO DE PESQUISAR.

Fiz duas turnês de concertos no Japão, uma, em 1962, com David Tudor, outra, em 1964, com a Companhia de Dança Merce Cunningham. Ambas foram patrocinadas pelo Centro de Artes Sogetsu, uma organização viva que faz parte da escola de arranjos florais, em Tóquio, estabelecida por Sofu Teshigahara. Compreende um estúdio de música eletrônica, um teatro para cinema, concertos e espetáculos, galerias para exibição de quadros e esculturas, e vários bares onde é servido chá, e mesmo comida, a qualquer momento. O Centro de Arte Sogetsu tem muitas publicações. Para nossas turnês foram impressos programas elaborados, contendo textos. O material impresso é muito solicitado no Japão. Os jornais, as revistas e o rádio frequentemente precisam dele. Em dezembro de 1963, a rádio japonesa me pediu para cumprimentar os amantes de música do Japão por ocasião do Ano-Novo (com um limite de um minuto). Depois de algumas observações preliminares, eu escrevi: "A música agora é música quando não é interrompida por sons ambientais, assim como a pintura é pintura se não é corrompida pela ação das sombras. Qual o *x* do problema, no que concerne ao ouvinte? É o seguinte: ele tem ouvidos; deixe-o usá-los."

HAPPY NEW EARS![5]

(Os ouvidos são só uma parte do seu corpo: eu desejo a ele todo e a todos vocês, os que gostam e os que não gostam de música, Feliz Ano-Novo! Este Ano e Todos os Anos!) Os textos que se seguem foram minhas respostas a dois outros pedidos, um escrito antes de uma visita, outro escrito no avião, na viagem de volta para São Francisco. Foram traduzidos para o japonês e publicados em algum lugar dentro ou fora do Centro de Arte Sogetsu.

Max Ernst, por volta de 1950, falando no Clube das Artes, na Rua 8, Nova York, disse que alterações significativas nas artes ocorriam, antes, a cada trezentos anos, enquanto que agora ocorrem a cada vinte minutos.

Tais mudanças acontecem primeiramente nas artes que, como plantas, estão fixas em pontos particulares no espaço: arquitetura, pintura e escultura. Elas acontecem depois nas artes de espetáculo, música e teatro, que requerem, como os animais, passagem de tempo para sua realização.

Em literatura, como se dá com os mixomicetos e os organismos similares, que são classificados ora como plantas, ora como animais, as mudanças ocorrem tanto cedo quanto tarde. Esta arte, se compreendida como material impresso, tem a característica de objetos no espaço; mas, entendida como espetáculo, assume o aspecto de processos no tempo.

Eu aceitei por muitos anos, e ainda aceito, a doutrina sobre Arte ocidental e oriental desenvolvida por Ananda K. Coomaraswamy no livro *A transformação da natureza na arte*, segundo a qual a função da arte é imitar a natureza no seu modo de operação. Nosso entendimento de "seu modo de operação" muda de acordo com os avanços nas ciências. Esses avanços, no nosso século, introduziram o termo "espaço-tempo" no nosso vocabulário. Em vista disso, as distinções feitas anteriormente entre artes do espaço e do tempo são presentemente uma hipersimplificação.

Observem que a apreciação de uma pintura moderna conduz a atenção da gente não para um centro de interesse, mas para toda a tela e sem seguir nenhum caminho particular. Qualquer ponto da tela pode ser tomado como início, continuação ou fim da observação da gente. Esse é o caso, também, de obras simétricas, já que aí a atenção do observador se faz móvel pela rapidez com que ele supera o problema de entender a estrutura. Pode-se determinar se uma pintura ou escultura tem ou não um centro de interesse observando se ela é destruída pelos efeitos das sombras. (Intromissões do ambiente são efeitos de tempo. Mas elas são bem-vindas no caso de uma pintura que não se preocupa em focalizar a atenção do observador.) Observem também os trabalhos de pintura, escultura e arquitetura que, empregando materiais transparentes, se tornam inseparáveis de seu ambiente instável.

O atraso da música em relação às artes mencionadas é a sorte dela. Ela é capaz de tirar deduções das experiências das outras (artes) e combiná-las com experiências necessariamente diferentes que surgem de sua natureza especial. Primeiro de tudo, então, um compositor, neste momento, libera sua música de um único clímax dominante. Procurando uma interpenetração e uma não obstrução de sons, ele renuncia à harmonia e seus efeitos de fundir os sons num relacionamento fixo. Desprezando a noção de *hauptstimme* [voz principal], seus "contrapontos" são sobreposições, eventos que se relacionam uns com os outros só porque ocorrem ao mesmo tempo. Se ele mantém em seu trabalho aspectos de estrutura, eles são simétricos em caráter, canônicos, ou apresentando igual importância de partes, seja as que estão presentes ao mesmo tempo, seja as que se sucedem. Sua música não é interrompida pelos sons do ambiente, o que ele confirma incluindo silêncios em seu trabalho ou dando à sua continuidade a própria natureza do silêncio (ausência de intenção).

Além disso, os músicos, já que eles são vários em lugar de um só, como um pintor ou um escultor, são atualmente capazes de serem independentes um do outro. Um compositor escreve, neste momento, indeterminadamente. Os executantes já não são seus escravos, mas homens livres. Um compositor escreve partes mas, para não fixar suas relações, não escreve partitura. As fontes sonoras são uma multiplicidade de pontos no espaço em relação à audiência, de forma que cada ouvinte tem sua própria experiência. Os "móbiles" da escultura moderna são algo parecido, mas as partes que eles têm não são tão livres como as de uma composição musical, já que possuem meios de suspensão comuns e seguem a lei da gravidade. Em arquitetura, onde o trabalho também é dividido, como na música, ainda não se pode observar a mesma liberdade que nesta. A pino sobre a terra, um edifício bem-construído não cai. Talvez, não obstante, quando os sonhos de Buckminster Fuller se tornarem realidades (casas, por exemplo, que sejam lançadas do ar, em lugar de bombas), a arquitetura inicie uma série totalmente nova de mudanças nas artes, através de meios flexíveis ainda desconhecidos.

As mudanças na música precedem mudanças equivalentes no teatro, e as do teatro precedem mudanças gerais na vida das pessoas. O teatro é consumido, eventualmente, porque se assemelha à vida mais de perto que qualquer arte, requerendo, para sua apreciação, o uso simultâneo de olhos e ouvidos, espaço e tempo. "Um ouvido sozinho não é um ser." Por isso, encontramos sempre mais obras de arte, visuais ou audíveis, que já não são estritamente música nem pintura. Em Nova York são chamadas "*happenings*". Assim como as sombras já não destroem a pintura, nem os sons ambientais a música, as atividades ambientais não destroem um *happening*. Ao contrário, podem causar mais prazer. O resultado, para citar um exemplo da vida diária, é que nossas vidas não são perturbadas pelas interrupções promovidas continuamente pelas pessoas e coisas.

Tentei aqui apresentar brevemente uma visão das artes que não as separa do resto da vida, mas em vez disso confunde a diferença entre Arte e Vida, assim como minimiza as distinções entre espaço e tempo. Muitas das ideias envolvidas vêm do Oriente, particularmente da China e do Japão. Entretanto, com a imprensa escrita, o avião, a telegrafia, e hoje em dia com o Telstar, as distinções entre Ocidente e Oriente estão desaparecendo rapidamente. Vivemos num único mundo. Da mesma forma, as distinções entre o eu e o outro estão sendo esquecidas. Em toda parte do mundo as pessoas cooperam para executar uma ação. Ouvindo falar de anonimato, a gente pode imaginar a ausência de competição.

Alguém pode dizer quantos artistas nascerão nos próximos vinte minutos? Estamos atentos às grandes mudanças que estão ocorrendo a cada instante em grande número de pessoas neste planeta. Sabemos também das mudanças igualmente grandes na praticidade — isto é, o que através da tecnologia as pessoas estão capacitadas a fazer. Grande número de homens vai decidir sobre as futuras obras de arte. E elas tomarão mais direções do que as que a história registra. Nós não temos mais de nos embalar na expectativa do advento de algum único artista que venha a satisfazer nossas necessidades estéticas. Haverá em vez disso uma incrementação no volume e nas espécies de arte, que serão ao mesmo tempo capazes de provocar perplexidade e alegria.

♍ ♍ ♍

Em abril passado, no Havaí, perguntei a Tohru Takemitsu o que é que Maki (sua filha de três anos) pensava sobre os Estados Unidos. Ele disse: ela pensa que é uma outra parte do Japão. Visitando Hamada em Machiko, eu esperava, fugindo da rotina, encontrar coisas especificamente japonesas. Hamada mostrou vasos, objetos e móveis de toda parte do mundo — Espanha, México, China, Arizona. A música se encontra, no Japão, na mesma situação que nos Estados Unidos e na Europa. Vivemos numa aldeia global (Buckminster Fuller, H. Marshall McLuhan). Maki é que está certa.

Uma das coisas que sabemos hoje em dia, é que algo que acontece (tudo), pode ser experienciado, por meio da técnica (eletrônica), como outra (qualquer outra) coisa (acontecimento). Por exemplo, gente entrando e saindo de elevadores e os elevadores andando de um andar para outro: essa "informação" pode ativar circuitos que levam aos nossos ouvidos uma concatenação de sons (música). Talvez você não concordasse que o que você ouviu era música. Mas, nesse caso, outra transformação teria ocorrido: o que você ouviu levou sua mente a repetir definições de arte e música que se encontram em dicionários obsoletos. (Mesmo que não tenha pensado que aquilo era música, você teria de admitir que o recebeu através dos ouvidos, não através dos olhos, nem o sentiu com as mãos, nem andou por dentro da coisa. Talvez tenha andado: a arquiteturalidade da música é hoje uma possibilidade técnica e um fato poético.)

Se essa música elevador-gerada tivesse sido ouvida, que música moderna japonesa teria ela sido? Quem entre os seguintes (Yori-aki Matsudaira? Yuji Takahashi? Joji Yuasa? Tohru Takemitsu? Takehisa Kosugi? Toshi Ichiyanagi?) teria feito dessa possibilidade uma realidade (uma música que logo ouviremos, estejamos em Tóquio, Nova York, Berlim ou Mumbai)?

Toshi Ichiyanagi. Durante minha recente visita ao Japão, ouvi fitas gravadas com músicas de todos os compositores que mencionei, exceto Kosugi. O trabalho de Kosugi eu vi no Centro de Arte Sogetsu. (Sua música está vestindo roupas de teatro e usando-as de uma forma que redignifica ambas as artes.) E em abril, no Centro Leste-Oeste no Havaí, eu estive com Takemitsu. Todos esses compositores me interessam, e mais do que os europeus, porque eles me dão mais liberdade à audição. Eles não usam sons que me levam a ouvir o que não quero. Todavia, todos eles se vinculam (suas ideias, seus sentimentos, o acidente de que são japoneses) aos sons que fazem. Menos Ichyanagi. Ichiyanagi encontrou vários meios eficientes de libertar sua música das barreiras de sua imaginação. Numa peça chamada *Distância*, ele pede aos executantes que subam numa rede acima do auditório, tocando de lá instrumentos que estão lá embaixo, no chão. Essa separação física conduz a uma técnica de execução desusada, que associa os sons, da maneira natural como eles aparecem nos campos, nas ruas, nas casas e nos edifícios. Num quarteto de cordas chamado *Nagaoka*, Ichiyanagi pede aos músicos que passem o arco onde normalmente dedilham, e dedilhem onde se passa o arco. Isso é milagroso, produzindo uma música que não faz o ar em que ela está nem um pouco mais pesado do que já era. E com a ajuda de Junosuke Okuyama (um cara que, se o Senhor conhecesse bem o seu serviço, deveria ter multiplicado e colocado em todos os estúdios de música eletrônica do mundo), Ichiyanagi fez vários trabalhos úteis: *Música vital*, *Mixagem sobre Tinguely*, *Pratyahara*. Estas peças (só ouvi as duas primeiras recentemente) são tão chocantes e intermináveis quanto os serviços e meditações budistas. Mas, como tantas outras coisas e experiências desagradáveis, são boas para nós. Por quê? Porque, se não nos pouparmos, mas realmente nos acomodarmos à ideia de suportarmos a sua experiência, vamos descobrir mudanças em nossos ouvidos em nossas vidas, não de forma a nos obrigar a recorrer a Ichiyanagi (ou, por isso, ao Japão) para obter "o som nosso de cada dia", mas de maneira a nos qualificar, a cada momento (não importa onde vivamos), para fazer nossa própria música. (Não estou falando de nada especial, só de ouvido aberto, mente aberta e saber apreciar os ruídos diários.)

Neste mutável mundo musical, o Japão não está menos centralmente colocado do que qualquer outro país. Tendo os compositores e a assistência técnica que têm, está populado mais afortunadamente do que a maioria.

Música e cogumelos [*music and mushrooms*]: duas palavras seguidas, em muitos dicionários. Onde ele escreveu a *Ópera dos três vinténs*? Agora ele está sepultado sob a relva, ao pé de High Tor. À medida que a estação muda do verão para o outono, desde que chova bastante, ou mesmo só com a misteriosa umidade que há na terra, crescem cogumelos lá, continuando, estou certo disso, o trabalho, que ele teve, de operar com sons. O fato de não termos ouvidos para ouvir a música que os esporos lançados pelos basídios fazem, nos obriga a estarmos ocupados microfonicamente.

Enquanto caçava cogumelos com Alexander Smith nos bosques perto de Ann Arbor, mencionei o fato de ter encontrado grandes quantidades de *Lactarius deliciosus* nos bosques ao norte de Vermont. Ele disse: "As hastes eram viscosas?" Eu disse: "Sim, eram." Ele disse: "Não é *deliciosus*; é *thyinos*." Ele prosseguiu dizendo que as pessoas passam a vida inteira pensando que as coisas são isso quando realmente são aquilo, e que esses erros são cometidos precisamente com as coisas com que as pessoas estão mais familiarizadas.

Uma vez, quando eu estava em Ann Arbor com Alexander Smith, eu disse que uma das coisas de que eu gostava na botânica era que ela estava livre dos ciúmes e personalismos que infestam as artes, e que por essa razão, se não por outra, eu daria minha vida para viver outra vez e ser um botânico em lugar de músico. Ele disse: "Isso mostra como você sabe pouco de botânica." Mais tarde, na conversa, aconteceu de eu mencionar o nome de um micologista ligado a uma outra universidade do Meio-Oeste. Incisivamente, Smith disse: "Não mencione o nome desse homem em minha casa."

• • •

Havia uma conferência internacional de filósofos no Havaí, cujo tema era a Realidade. Durante três dias Daisetz Teitaro Suzuki não disse nada. Finalmente, o presidente voltou-se para ele e perguntou: "Dr. Suzuki, o senhor poderia dizer se esta mesa, em torno da qual estamos sentados, é real?" Suzuki levantou a cabeça e disse "Sim". O presidente perguntou em que sentido Suzuki pensava que a mesa era real. Suzuki disse: "Em todos os sentidos."

• • •

A primeira vez que anunciaram aulas sobre cogumelos na Escola Nova, muitas pessoas se inscreveram. O secretário ficou alarmado, telefonou-me e perguntou: "Que limite vamos estipular?" Eu disse que se mais de quarenta pessoas estivessem envolvidas seria difícil. Mais ou menos esse número se registrou para o curso, mas quando se deram realmente as saídas para o campo, nunca havia mais de vinte pessoas nos bosques. Às vezes a frequência baixava para só uma dúzia. Eu não podia imaginar o que estava acontecendo. Esqueci quem foi, mas um dia, nos bosques, uma aluna confessou que quando ela se inscreveu no curso, não era sua intenção ficar girando pelos bosques perto de Nova York, com fungos ou sem fungos. Ela estava interessada em ir à Europa. Alguma companhia de aviação tinha anunciado turnês baratas, exclusivamente para pessoas adultas inscritas na Escola Nova. As pessoas tinham estudado o catálogo como se fosse um cardápio, procurando os cursos mais baratos, independentemente do que estava sendo ensinado. A senhora que me contou tinha mudado de ideia, ou seu voo particular tinha sido adiado, não me lembro bem. De uma forma ou de outra, ela perdeu o interesse pela Europa. Um outro, encontrando cogumelos nos mercados da Bavária e de Milão, enviou cartões-postais.

• • •

Quando Colin McPhee descobriu que me interessava por cogumelos, disse: "Se você encontrar algum morel [tipo de cogumelo] na próxima primavera, chame-me mesmo se for um só. Vou largar tudo, sair e cozinhar." Veio a primavera. Encontrei dois moréis. Chamei Colin McPhee. Ele disse: "Você não pretende que eu faça todo esse caminho por causa de dois pequenos cogumelos, pretende?"

• • •

O sr. Romanoff tem sessenta anos. O sr. Nearing tem setenta anos. A mãe do sr. Romanoff tem oitenta e cinco. Numa das saídas para o campo de cogumelos, veio um fotógrafo enviado pelo *The New York Times*. Pegamos a trilha de Stony Brook. Mal chegamos, o fotógrafo se ocupou em tirar fotografias. Logo perdemos o sr. Romanoff de vista. O sr. Nearing puxou Lois Long de lado e disse: "O sr. Romanoff teve um acidente com as calças. O senhor poderia descobrir se uma das senhoras tem um alfinete de gancho?" Lois Long obedeceu. Achou-se um alfinete de gancho minúsculo, e Lois Long deu-o ao sr. Romanoff. Este voltou para o grupo. Sendo pequeno demais, o alfinete mostrou-se ineficaz. O sr. Romanoff, apesar disso, permaneceu com o grupo e, quando o passeio continuou, o rasgo em suas calças progrediu, até que foi completo, da braguilha até a bainha. Paramos para almoçar numa nascente. O sr. Romanoff olhou para as calças e disse: "Minha mãe vai ter que me ouvir por causa disto."

• • •

O sr. Romanoff diz que as excursões dominicais ao campo são melhores do que ir à igreja. Todavia, um domingo ele disse: "Domingo que vem eu não posso vir porque é Rosh Hashana, e eu combinei com minha mãe que se eu ficasse em casa no Rosh Hashana poderia vir no Yom Kippur."

Em abril de 1964, Michael O. Zahn, de Milwaukee, Wisconsin, escreveu-me perguntando minha opinião sobre Charles E. Ives e sua música. Eu respondi (como se vê adiante) manuscrevendo em papel de notas estenográficas, que eu costumo ter sempre em estoque. Eu não guardei cópia dessa carta, mas quando o sr. Zahn me respondeu para me agradecer, o fez com tanto entusiasmo que lhe pedi que me mandasse um xerox. Ele o enviou.

Então, em setembro de 1965, Irving Glick, um produtor da Canadian Broadcasting Corporation que estava preparando um programa documentário sobre Ives, pediu-me uma proposição sobre a influência do compositor e sua relevância atual. Eu a fiz no estúdio da CBC em Nova York. Quando ouvi a fita, gostei do que tinha dito e escrevi ao sr. Glick pedindo uma cópia. Quando ela chegou, já não gostei mais: minhas observações pareciam inoportunas, indignas de serem conservadas. Lembrei-me então de um texto em *Explorations in Communication*, um livro editado por E.S. Carpenter e H. Marshall McLuhan. Esse texto omitia a pontuação, introduzindo espaços no seu lugar, dando a impressão de um texto falado, não escrito. Em dezembro de 1966, usei uma hora da aula de poesia de Keith Waldrop na Wesleyan University, desenvolvendo, com a ajuda dos estudantes presentes, um plano geral para a apresentação do discurso (na qual os *hum* e *mm* e outros ruídos que a gente faz involuntariamente quando forma os pensamentos enquanto fala, assim como as inflexões e as mudanças de volume, deviam ser representados graficamente).

Não dei atenção no texto à grafia de alturas, ênfases ou mudanças de timbre. As respirações são indicadas por triângulos; os goles de saliva aparecem como uma série de círculos descendentes; os rabiscos representam os *hum* e outros ruídos, alguns dos quais estão ligados aos fins de palavras.

A maneira pela qual estas proposições são apresentadas é o resultado da influência que sofri do trabalho de Marshall McLuhan, que tão dramaticamente chamou a atenção de muitos para as influências dos meios de comunicação sobre a percepção dos sentidos, e do trabalho de Marcel Duchamp, que há cinquenta anos mais ou menos chamou a atenção para o valor de coisas às quais não se atribuía habitualmente nenhum valor, e que, numa outra ocasião, na CBC, quando o entrevistador lhe perguntou o que estava fazendo, disse: "Respirando."

DUAS PROPOSIÇÕES SOBRE IVES

April 7, 1964

Dear Mr. Zahn:

Thank you for your letter. I think that the only published statement I have about Ives is the one on pages 70-71 in _Silence_. And this statement is probably not of service to you. Now that you have pointed it out (this omission in my writing), I intend to write something about Ives. If I do, soon, I will send it to you.

We become, I believe, aware of the past by what we do. What we do throws a light on the past. Thus, in the 30s and 40s when I was concerned with rhythmic structure I was not interested in Ives. But more recently because of my indeterminate and un-structured works, I am interested in Ives. This interest does not lead me to the analysis or study of his work. I simply mean that v/

were some of his music to be performed in my neighborhood I would grasp the opportunity to hear it.

Offhand I think that Ives' relevance increases as time goes on. (On pg. 71 I object to the American aspects of his work, but in view of "pop art" they are pertinent.) And now that we have a music that doesn't depend on European musical history, Ives seems like the beginning of it.

I heard (just recently in San Francisco) a recording of a piece by the young composer Ramon Sender called <u>Desert Ambulance</u>. It was for tape and accordion solo. The end of it was very thick in a middle register — the sound of many strings and accordion clusters —: like a cable of

3

sound. It made me think of the complexity of Ives and the way one perceives something in it. Does it emerge? Or do we enter in? I rather think it emerges in his case. And that nowadays we would tend toward doing it ourselves (we are the listeners), that is, we would enter in. The difference is this: everybody hears the same thing if it emerges. Everybody hears what he alone hears if he enters in.

Better than I, James Tenney could answer your questions. He has been finding works of Ives and bringing them to performance. I believe you can write to him care of Music School, Yale University, New Haven

4/ Connecticut.

I don't so much admire the way Ives treated his music socially (separating it from his insurance business): it made his life too safe economically and it is in living dangerously economically that one shows "bravery" i.e. socially.

But his "contribution to American music" was in every sense: "not only spiritual, but also concretely musical." Nowadays every thing I hear by Ives delights me. However the opportunity to hear his work is rare. I might not enjoy it so much if it were less rare.

Sincerely,

John Cage

During April:
c/o Music Dept.
Univ. of Hawaii,
Honolulu,
Hawaii

Stony Point, N.Y.

7 de abril de 1964

Caro sr. Zahn:

Obrigado por sua carta. Creio que a única proposição que publiquei sobre Ives é a das páginas 70-71 de *Silêncio.* E essa proposição talvez não lhe sirva. Agora que o senhor a apontou (essa omissão nos meus escritos), pretendo escrever algo sobre Ives. Se o fizer logo, enviarei ao senhor.

A gente fica inteirado, eu creio, do passado, pelas coisas que a gente faz. O que a gente faz lança luz sobre o passado. Por isso, nos anos 30 e 40, quando eu estava preocupado com estruturas rítmicas, eu não estava interessado em Ives. Mas mais recentemente, por causa dos meus trabalhos indeterminados e não estruturados, eu fiquei interessado em Ives. Esse interesse não me conduz à análise ou ao estudo de seu trabalho. Eu quero dizer simplesmente que, se alguma música sua fosse executada na minha vizinhança, eu aproveitaria a oportunidade para ouvi-la.

De imediato, eu penso que a relevância de Ives cresce à medida que o tempo passa. (Na pág. 71 eu faço objeções aos aspectos americanos do seu trabalho, mas tendo em vista a Pop Art, eles são pertinentes.) E agora que temos uma música que não depende da história musical europeia, Ives parece ser o começo dela.

Ouvi (recentemente, em São Francisco) uma gravação de uma peça do jovem compositor Ramon Sender, chamada *Desert Ambulance*. Era para fita magnética e acordeão solo. O fim era muito denso, num registro médio-som de muitas cordas e *clusters* de acordeão — como um cabo de som. Fez--me pensar sobre a complexidade de Ives e a maneira com que a gente percebe algo nela. É ela que emerge? Ou nós que entramos nela? Eu acho que é mais ela que emerge, no caso dele (Ives). E que hoje nós temos a tendência de fazê-lo por nossa conta (somos os ouvintes), isto é, queremos entrar nela. A diferença é a seguinte: todos ouvem a mesma coisa se ela emerge. Cada um ouve o que só ele ouve se ele entra nela.

James Tenney poderia responder às suas perguntas melhor do que eu. Ele tem descoberto trabalhos de Ives e conseguido sua execução. Creio que o senhor pode lhe escrever. Aos cuidados da Escola de Música, Yale University, New Haven, Connecticut.

Eu não admiro tanto a forma com que Ives tratava sua música socialmente (separando-a de seu negócio de seguros): isso fazia sua vida segura demais economicamente, e é vivendo em perigo economicamente que a gente mostra "bravura" socialmente.

Mas sua "contribuição à música americana" se deu em todos os sentidos e foi "não só espiritual, mas também concretamente musical". Hoje em dia, tudo que ouço de Ives me agrada. Todavia, a oportunidade de ouvir seu trabalho é rara. Eu poderia não apreciá-lo tanto se fosse menos rara.

Durante o mês de abril:
a/c Depto. de Música
Univ. do Havaí,
Honolulu.

Stony Point, N.Y.

Sinceramente,
John Cage

The subject comes up of the influence of Ives on present
music I rather think that influence doesn't go A
B C that is to say from Ives to someone younger than Ives to people still younger
but that rather we live in a field situation in which by our actions
by what we do we are able to see what other people do in a different light than we do
without our having done anything What I mean to say is that the music we are writing now influences the way in which
we hear and appreciate the music of Ives more than that the music of Ives influences us to
do what we do In the thirties when I began to write music
the principal choice was to be made by a young composer was between Schoenberg and Stravinsky and I chose Schoenberg
there was an auxiliary situation produced by Henry Cowell and the New Music Society and the New
Music Edition of which he was the editor that brought to the attention of young
musicians the work of Varèse Ruggles and Ives I was not so
interested in Ruggles though he was his music was chromatic as was Schoenberg's because I was already interested in Schoenberg I was interested in Varèse because of the
inclusion of noises in his music I was not interested in Ives
because of the inclusion in his music of aspects of American folk and
popular material I was simply not able to hear it as something that interested me

However later in the fifties when I began to be involved in chance operations and what
I call indeterminate music that interest on my part brought it about that
I was able to approach Ives in an entirely different one might say even opposite spirit from the
original way in which I approached him though I must say that still
the American aspects of his music strike me as
endearing and touching and sentimental as they are they strike me as the part of his work that is not basically
interesting If one is going to have referential material like that I would be happier if it was global
in extent rather than specific to one country as is the referential material of Ives' music

However the things in his music which are interesting to me now because of my involvement in chance and indeterminacy
make him a composer of music that I am always happy to
hear One thing is that he knew that if sound sources came from different
points in space that that fact was in itself interesting Nobody before him had thought about
this being intent on grouping performing musicians together in a huddle as though they were playing football
rather than music in order to bring about the fusions of European harmony But
Ives knew through his experience of village bands in New England walking
around them that things sound differently if they had different positions
in space and that of course is extremely interesting in our contemporary music Also the freedoms that he
gave to a performer saying Do this or do that according to your choice is directly in line

with present indeterminate music There are
two other things I would like to point out that interest me
One is what I would like to call the mud of Ives
It's all the part that is not referential Out of this
mud are complex superimposition
lines that make a web in which we cannot clearly perceive anything that's what I mean by the mud Come
rising up as it were these American tunes hymn tunes and what not that don't inter
est me In that mud
before we get the referential material is the
is if one is listening to it the possibility of
not knowing what's happening And
more and more in this global electronic world that we are living in I think this experience of non-knowledge is more useful and more
important to us than the Renaissance notion of knowing A B C
D E F what you were doing And so I regard that very very
highly But more than that in Ives' work I regard I could almost say
supremely although I'm averse to climaxes
I regard his
understanding I think of inactivity and of silence
A little over a year ago I was in Hawaii and I had the opportunity to read the essay which he
wrote that follows his One Hundred and Thirteen Songs only one hundred and thirteen copies
were published originally and one of these fell into my hands and I
read the essay and in it he
sees someone sitting on a porch in a rocking chair
smoking a pipe looking out over the landscape which goes into the distance
and imagines that as that person who is anyone is
sitting there doing nothing that he is hearing his own
symphony This I think
is for all intents and purposes the goal
of music I doubt whether we can find a higher goal namely that art
and our involvement in it will somehow introduce us to the very life that we are living
and that we will be able without scores without performers and so forth simply to sit still
to listen to the sounds which surround us and hear them as music
At that point we won't need concert halls but we will be able nonetheless to enter concert halls and hear the music of Ives I am sure even then with gratitude

O tema é a influência de Ives na música do
presente Eu acho que a influência não vem assim A
B C isto é de Ives para alguém mais jovem que Ives para gente ainda mais jovem
mas que em vez disso vivemos numa situação de campo na qual por
nossas ações pelo que nós fazemos somos capazes de ver o que outras pessoas fazem sob
uma perspectiva diferente da nossa sem que a gente tenha feito nada O que eu quero dizer
é que a música que estamos escrevendo agora influencia a maneira pela qual a gente ouve e aprecia
a música de Ives mais do que a música de Ives nos influencia a fazer o que fazemos Nos
anos 30 quando eu comecei a escrever música a principal escolha que
um jovem compositor tinha a fazer era entre Schoenberg e Stravinsky e eu escolhi
Schoenberg havia uma situação auxiliar produzida por Henry Cowell e a New
Music Society e as Edições New Music da qual ele era o editor que chamou
a atenção dos jovens músicos para os trabalhos de Varèse Ruggles e
Ives Eu não estava muito interessado em Ruggles ainda que
sua música fosse tão cromática como a de Schoenberg porque eu já estava interessado em
Schoenberg Eu estava interessado em Varèse por causa
da inclusão de ruídos em sua música Eu não estava
interessado em Ives por causa da inclusão em sua música de aspectos do folk americano e material
popular Eu simplesmente não era capaz de ouvi-lo como algo que me interessasse

Mais tarde porém nos anos 50 quando comecei a ser envolvido por operações ao acaso e
o que chamo de música indeterminada esse interesse de minha parte fez-me
capaz de me aproximar de Ives com um espírito totalmente diferente e oposto mesmo ao
anterior embora eu deva dizer que os aspectos americanos de sua
música ainda me parecem afetuosos tocantes e sentimentais como
são continuam a me parecer a parte de seu trabalho que não é basicamente interessante Quando
se usa material referencial como esse prefiro que ele seja global em vez de específico de um país
como é o caso do material referencial da música de Ives

Todavia as coisas na sua música que são mais interessantes para mim agora por causa do meu
envolvimento com o acaso e a indeterminação fazem dele um compositor de
música que fico sempre feliz de ouvir Uma coisa é que ele sabia que as fontes sonoras
vêm de diferentes pontos no espaço esse fato é interessante por si só Ninguém antes dele
tinha pensado nisso preocupados em agrupar os intérpretes num amontoado como se
estivessem jogando futebol em lugar de estar tocando música pra por no ar as fusões da harmonia
europeia Mas Ives sabia através de sua experiência com bandas no
interior na Nova Inglaterra caminhando em torno delas que as coisas soam
diferentemente se vêm de posições diferentes no espaço e isso naturalmente

é extremamente interessante em nossa música contemporânea Também a liberdade que ele dava
ao executante dizendo faça isso ou aquilo conforme sua escolha está em ligação direta
com a presente música indeterminada Seguem-se
duas outras coisas que eu gostaria de realçar e que me interessam
Uma é o que eu gostaria de chamar de a lama de Ives
É toda a parte que não é referencial Nessa
lama estão linhas complexas de superposição
que compõem uma teia na qual não se pode perceber claramente nada isso é o que eu chamo de lama
Vêm surgindo por assim dizer esses cantos hinos cantos americanos e tudo o mais que não
me interessa Nessa lama
antes que a gente perceba o material referencial está a
está se a gente está ouvindo a possibilidade de
não se saber o que está acontecendo E
cada vez mais neste mundo eletrônico global em que estamos vivendo
eu acho que essa experiência do não-conhecimento é mais útil e mais
importante do que a noção renascentista de saber A B C D
E F o que se está fazendo Eis porque dou a isso muito mais
valor Mas mais do que isso no trabalho de Ives aprecio podia quase dizer
supremamente embora eu seja avesso a hipérboles
mais do que tudo a sua
compreensão creio da inatividade e do silêncio
Há pouco mais de um ano eu estava no Havaí e tive a oportunidade de ler o ensaio
que ele escreveu e que acompanha as suas Cento e Treze Canções só cento e treze cópias
foram publicadas originalmente e uma delas caiu em minhas mãos e eu
li o ensaio e nele ele
vê alguém sentado numa varanda numa cadeira de balanço
fumando um cachimbo olhando a paisagem que se estende na distância
e imagina que quando essa pessoa que é qualquer um está
sentada lá sem fazer nada está ouvindo sua própria
sinfonia Esse é eu acho em última análise o objetivo
da música Eu duvido que a gente possa encontrar um objetivo mais alto ou seja que a arte
e nosso envolvimento nela nos introduzam de alguma forma na própria vida que estamos vivendo
e que então sejamos capazes de sem partituras sem executantes simplesmente ficar sentados
escutar os sons que nos cercam e ouvi-los como música
A essa altura não precisaremos de salas de concerto embora sejamos capazes de entrar numa
sala de concerto e ouvir a música de Ives estou certo mesmo então com prazer

Em março de 1965, recebi da *Kenyon Review* uma cópia das *Cartas* de Arnold Schoenberg, selecionadas e editadas por Erwin Stein, traduzidas do original alemão por Eithne Wilkins e Ernst Kaiser (St. Martin's Press, Nova York). Fui informado de que gostariam de receber um comentário crítico meu, mas que, mesmo que eu nada escrevesse, poderia ficar com o livro. Em maio, visitei Jasper Johns em Edisto Beach, e gastei muito do meu tempo escrevendo a base para o texto que se segue. Relacionei todas as partes do livro (cada carta, a sobrecapa, as notas biográficas, a relação do conteúdo, os vários índices) ao número 64, de forma a poder, tirando cara ou coroa, segundo o método *I Ching* de obter oráculos, saber que parte do livro devia discutir e quantas palavras devia usar para isso.

Anteriormente, para escrever um artigo, eu tinha usado os materiais da *Música de cartucho* (veja a nota que precede *Ritmo etc.*). Isso produzira textos que continham espaços sem palavras. A necessidade de um texto sem tais espaços surgiu primeiramente quando confrontei os quadros de Jasper Johns que eram completamente pintados; essa necessidade surgiu novamente quando li e reli as *Cartas* de Schoenberg, um livro compacto em todos os sentidos.

Os editores da *Kenyon Review* publicaram meu texto na edição do verão de 1965, mas com certas modificações que punham a revista "em maior conformidade tipográfica com os outros textos".

Então, para a presente circunstância, removi as proposições que diziam respeito a outras partes do livro que não fossem as próprias cartas, e escrevi (outubro 1966) outras novas em lugar das eliminadas.

MOSAICO

As palavras de Schoenberg são as em itálico.
As citações são observações que eu me lembro que ele fazia
quando eu estudava análise e contraponto com ele.

Ele se tornou um judeu leal aos judeus. *Eu não sei se tais tentativas de fazer as coisas de modo mais fácil não aumentam as dificuldades*. Berg, Schoenberg, Webern. Uma outra pontuação esclarece a matéria: Berg-Schoenberg; Webern. *Agora seriamente. . .* Eu . . . (*. . . só tenho desprezo por qualquer um que encontre a menor falta em qualquer coisa que eu publique. Um só Deus.* As perguntas que ele fazia aos alunos tinham respostas que ele já conhecia. As respostas que seus alunos davam não combinavam com as suas. Schoenberg precisava estar seguro de si mesmo, de forma que, quando conduzisse os outros, estivesse na frente. "Você vai dedicar sua vida à música?" Ele pensava em cartas como improvisações. Não eram composições. Embora ele lamentasse o tempo que suas cartas consumiam, quando era *forçado a descansar*, ele as escrevia. Estamos descartando essa ideia também (muito embora Schoenberg a tivesse): de que a música nos capacita a viver num mundo de sonho, afastados da situação em que estamos realmente (assim como os olhos dos amantes da música, fechados ou lendo partituras — sorte deles que não estão atravessando as ruas da cidade). Eu expliquei a Stravinsky que, estudando com Schoenberg, tinha me tornado um sectário: pró-Schoenberg, pró-cromatismo. Stravinsky: mas eu escrevo música cromática; minha objeção à música de Schoenberg: não é moderna (é como Brahms). Schoenberg apontava os erros dos outros; cônscio dos próprios, corrigia-os. A crítica é desnecessária. *Eu discordo de quase tudo*. Os livros de que se lembrava eram escritos por *oponentes*. Convenções musicais, complexidade, sim — mas não permitia que objetos e cenários de óperas confundissem suas plateias. . . . *é muito mais interessante ter um retrato pintado, ou possuir uma pintura feita por um músico da minha reputação, do que ser retratado por algum mero praticante de pintura cujo nome será esquecido em 20 anos, enquanto mesmo agora* (ele tinha trinta e cinco) *meu nome já pertence à história. Nossos valores*. A composição usando os doze sons estava no ar vienense. Hauer e Schoenberg a captaram. Mas diferentemente. Simultaneamente? *Eu só autorizo a publicar esta carta . . .; mas se . . . assim for . . . na íntegra; não fragmentada.* Tendo em conta a sua desventurada situação financeira, a asma, os ataques antissemitas de áreas políticas, a falta de reconhecimento público etc. Somos levados (se não a concordar) a ouvi-lo, quando diz: *Esta terra é um vale de lágrimas e não um lugar de entretenimento*. Experienciar música, não nomes de compositores: nos Concertos Particulares que Schoenberg organizava, os membros ouviam, ninguém lhes ensinava o que estavam ouvindo ou quem tinha composto. Acreditando que a verdade existia, ele estava interessado em saber o que era ela. Analisando um único compasso de Beethoven, Schoenberg tornava-se um mágico (não tirava coelhos da cartola, mas uma ideia musical atrás da outra: revelação). *Arnold Schoenberg*. O que se torna evidente (e nós o sabíamos, de qualquer forma) é que, a menos que a gente seja um comediante (e Schoenberg não era, embora tenha jogado tênis ao menos uma vez com os irmãos Marx), tudo está perdido. As intenções da gente fazem a vida quase insuportável. *Um copo de brandy e . . . foi um prazer.* Justa indignação. *Seria possível estabelecer uma terminologia unificada e . . . descrições e definições relevantes, se a gente pudesse começar botando os médicos para descrever suas próprias doenças . . .* Ele se recusava a entrar na casa porque Strang, que morava lá, estava resfriado. Seus alunos o veneravam. De tal forma que quando ele dizia: "Meu propósito, ao ensinar vocês, é tornar impossível para vocês escrever música, suas palavras pareciam mais de ajuda do que de desânimo. *Alban Berg.* Antes de agir, ele examinava todas as possibilidades; com setenta e seis anos de idade ele deixou as decisões para os outros. *Pense bem, e se você acha que funciona, faça-o.* Doente de asma e precisando de 5 mil marcos urgentemente, ele relaciona três obras não publicadas, elogia duas e discute em relação à terceira seus sentimentos sobre o louvor, achando o autoelogio, embora *malcheiroso*, preferível àquele atribuído pelos outros. Sentado na sala de estar depois do jantar, Schoenberg falava. Algumas senhoras, a sra. Schoenberg entre elas, estavam tricotando. Schoenberg insistiu em que não se tricotasse mais enquanto ele estivesse falando. Para ele, ser um verdadeiro músico significava ser um literato e ter um ouvido educado pela música europeia. O método dos doze sons foi tentado para substituir as *qualidades funcionais da harmonia tonal.* Essas *qualidades funcionais* são estruturais: dividir todos em partes. Métodos fazem contiguidades. Sem ter meios para fazer novas estruturas (Hauer), nem o desejo de renunciar à estrutura (processo), Schoenberg fazia estruturas neoclassicamente. Dois anos antes de morrer, Viena honrou-o de todo jeito, garantindo-lhe livre entrada na cidade. Isso deu-lhe *orgulho e alegria, um prazer singular*, mas fê-lo também lembrar seus oponentes, embora agora em menor número e força. Seu tratado de harmonia começa: "Este livro eu o aprendi com meus alunos." Mas: a única recompensa de um professor, dizia ele, era considerar os sucessos dos alunos como seus próprios. Anton Webern. *Honestidade sem compaixão. Porque . . . tudo o que eu quero é compor. Mesmo o fato de eu escrever tantas cartas é um desvio nocivo desse princípio. E embora todos os que me querem bem devam naturalmente me escrever o mais frequentemente possível (fico sempre feliz com isso), deveria ser de tal forma que eu não fosse obrigado a responder!* Ele disse que ela e ele deviam deixar a sala, e que os remanescentes votariam se ela deveria continuar na classe. Saindo depois dela, ele disse sorrindo: "Tratem de conservá-la." Agressividade. Ele era um aristocrata "self-made". *Eu fico imaginando o que você diria ao mundo em que eu quase morro de nojo.* Tornar-se um cidadão americano não removeu sua *aversão pela democracia e esse tipo de coisas*. Dos velhos tempos em que um príncipe ficava como protetor de um artista, ele escreve: *Os mais lindos, infelizmente passados, dias da arte*. Schoenberg tratava suas sentenças escritas como se elas fossem filmes e ele o editor de cinema de uma revista: à maior parte delas não conferia nenhum ponto de interrogação ou exclamação, a outras um número de pontos de um a quatro. Grifava passagens (itálicos nas versões impressas). Escrevendo a máquina, às vezes mudava para maiúsculas até que viesse um ponto. Schoenberg pediu a uma aluna que tocasse uma peça ao piano. Ela disse que era muito difícil para ela. "Você é uma pianista?" Ela concordou. "Então vá para o piano." A caminho, ela disse que tocaria devagar para não cometer erros. Ele disse: "Toque no tempo certo e não faça erros". Ela começou. Ele a interrompeu: "Você está cometendo erros!" Ela começou de novo. Ele a interrompeu: "Você não está tocando suficientemente rápido." Depois de várias tentativas, cada uma das quais ele interrompia, ela se esbaldou em lágrimas, explicando entre soluços que ela tinha ido ao dentista aquela manhã e tinha arrancado um dente. Schoenberg: "Você precisa ir ao dentista para cometer erros?" Ele considerava louvável a independência de pensamento. Quando interrogado sobre seu próprio trabalho: "Você não tem nada com isso." Pediu a Dehmel que escrevesse o texto para um oratório, dando-lhe o tema em detalhe e só uma limitação . . . *60 páginas impressas. Quanto a habitações e tênis, o fato é que, para nós, esses dois problemas estão intimamente ligados.* Ele queria chegar em casa facilmente depois de jogar. *Custa dinheiro, ter de tomar um táxi: a menos, naturalmente, que a gente compre o próprio carro!* Pensou em usar mármore como revestimento de parede. Alguns trabalhos foram deixados inacabados: particularmente *Moisés e Aarão* e *A escada de Jacó*. E a escola que ele idealizou para Israel nunca foi fundada; aqueles que saírem dela *devem ser verdadeiros sacerdotes da arte, acercando-se dela com o mesmo espírito de consagração com que o padre se acerca do altar de Deus*. A tarefa dos músicos israelitas? Dar um exemplo ao mundo. Ele era capaz de impor a lei. Em aulas de contraponto, tão logo fossem seguidas as leis que ele dava, pedia que elas fossem levadas menos a sério. Tomadas algumas liberdades, ele perguntava: "Por que vocês não seguem as regras?" Mantinha seus alunos num permanente estado de frustração. Desculpava-se das coisas que fazia, indicando que tivera precedentes (Beethoven, Mozart). Buckminster Fuller fala de retardos-de-tempo. A devoção a Webern impediu a devoção a Schoenberg. Aceitar a composição com doze notas significava não prestar atenção às teorias e aos trabalhos de Josef Matthias Hauer. Plano: 1. Ouvir Webern até não aguentar mais; 2. Tocar a música de Schoenberg até ficar com ânsias de vômito. Antídoto eficiente: qualquer peça de Hauer em que você puser os olhos . . . *vocês. . . devem se lembrar de minhas declarações na época, de que só se —— —— fosse expulso do comitê eu poderia considerar ter alguma relação com essa sociedade. Isso não foi feito. . . A sociedade não existe para mim.* Sua visão (música: não algo que a gente experimente, mas sim uma ideia que a gente pode ter, cuja expressão jamais pode ser perfeita, embora a gente deva — por razões artísticas e morais — levá-la tão perto da perfeição quanto possível) é antiga e estranha. Com a idade de setenta anos, escreveu uma carta encantadora ao dr. Perry Jones, presidente da Organização de Tênis de Los Angeles, pedindo conselhos sobre a prática de tênis de sua filha de quinze anos e de seu filho de dez. Aulas? Inscrevê-los num clube? Convidado de honra para uma festa a ser dada duas semanas depois, recusou (convidados de honra devem ser avisados pelo menos de um mês a seis semanas antes). Compor conscienciosamente não punha fim aos problemas. Uma transmissão radiofônica da composição com dois cortes era uma violação de seus direitos. Tendo enviado uma carta sem receber resposta, escreve uma novamente, ameaçando uma ação legal. A Alban Berg: *Gostaria de saber também se posso fazer algo por você na América: supondo sempre que eu tivesse a possibilidade, naturalmente. Porque é incrível como eu posso ser desrespeitado e sem influência lá. Eu sempre pensei que fosse eu quem tinha inventado o termo "emancipação da dissonância".* Sem tempo para o tempo: tendo dividido cada compasso 4/4 pela metade (as convenções faziam o que ele tinha que fazer), achou que havia muitos acentos. Seus alunos não o achavam arrogante quando, muitas vezes, dizia: "Com esse material Bach fazia assim e assado; Beethoven fazia assim e assado; Schoenberg, assim e assado." Isto é, sua mente musical era cegamente brilhante. Como muitos outros compositores, Schoenberg tinha mais ou menos constantes problemas monetários. Chega-se a pensar se estes não são o verdadeiro assunto da música. *Só uma coisa eu gostaria de dizer desde logo: eu não deixaria que uma nova obra tivesse sua primeira execução em Viena. O fato é que eu sou o único compositor de alguma reputação que a Filarmônica ainda não executou. E que continue sendo assim! Estou muito ocupado com o ensino.* Os sinônimos não eram intercambiáveis: Schoenberg insistia na palavra certa. *Ainda não sabemos se estaremos em Nova York este inverno. É muito caro, e podemos viver com dois quintos do dinheiro no sul e eu posso me recuperar.* Várias cartas sugerem que Schoenberg se sentia mais perto de Berg e Kokoshka do que de Webern e

Kandinsky. O inverso teria sido mais interessante. Um certo anonimato teria sido bem refrescante. As cartas de Schoenberg demonstram sua quase absoluta autoconfiança — algo que ele possuía desde a mais tenra idade. Pensando em Lippold e Stockhausen, a gente cai num denominador comum: Alemanha. Mas Schoenberg era da Áustria e não era ariano. Ele mudava os livros que lia. Escrevendo textos em papéis os mais diversos ele os dobrava cuidadosamente num tamanho menor do que o do livro e os inseria no local caprichosamente com cola. Publicar o volumoso *Sketch* de Busoni! Tudo, dizia, é repetição. Uma variação é, pois, uma repetição, algumas coisas alteradas, outras não. Em última instância, um *Retrato de Schoenberg* de Kokoshka é um autorretrato de Schoenberg, de longo alcance, tudo mudado, menos o tema. *Observar, comparar, definir, descrever, pesar, testar, tirar conclusões e usá-las. Embora eu ainda ache que Shostakovich é um grande talento*. Virando musicólogo, Satie, numa composição, indica ao pianista uma outra peça que nunca escreveu. Lendo um jornal, Schoenberg observou que Downes tinha alterado o título de uma obra sua. Escreveu uma carta, corrigindo o erro. Normalmente, ele insistia num grande número de ensaios, mas quando informado de que poderia ter tantos quantos fossem necessários, começou a diminuir o número. *Escreva logo, e não fique ofendido com esta carta . . . Arnold Schoenberg*. Para Schoenberg, os editores, ao contrário dos críticos, eram um mal necessário. Nunca lhe ocorreu dispensá-los. Coube à viúva de Schoenberg aterrorizar o mundo musical, não permitindo a impressão de obras não publicadas e fornecendo, em lugar disso, o material musical e mais a conta para cada execução. Stein: "Adler foi um amigo de juventude de Schoenberg, seu primeiro mestre"; "(Schoenberg) era autodidata". "Embora a UCLA[6] não pudesse mais usá-lo (estava muito velho), outros chamavam por ele. O Burgomestre de Viena convocou-o de volta à Áustria; Israel gostaria de tê-lo dirigindo sua Academia de Música. Muito tarde. O grande homem estava — isso é verdade — no fim da picada . . . *face a face com as dificuldades, os problemas e as condições inerentes do material dado. Schoenberg*. Tendo ouvido falar de uma "*conspiração para cortar*", explicou que isso não encurtaria uma obra: seria ainda uma peça longa, *muito curta em vários lugares (onde fosse cortada)*. Aparentemente, ele pensava que uma vez que fizesse algo, esse algo ficaria fixo para toda a vida. Rigor mortis. Sendo um professor, ele compreendeu — ao inverso dos administradores — que estudantes que ultrapassam a média podem fazê-lo só numa matéria. Artesanato. Audição repetida. Repetindo: "Para melhorar os negócios internacionais, o que deve ser feito é desenvolver o comércio exterior." *Arnold Schoenberg.* Todos os alunos tremiam, sabendo que o sarcasmo de Schoenberg podia a qualquer momento cair em cima deles. A história que corre, de que ele proibiu o riso, não é verdadeira. *Estamos vivendo 'sob o signo do trânsito'. . . a gente tem que ir pra frente!* Suas predileções? Aterrados, os alunos nunca perguntavam: por que a camiseta listrada? Por que listras verdes e amarelas? Por que aqueles móveis tão pesados trazidos da Europa para a Califórnia? Por que a preferência na compra de tais móveis? "Ele era um homem complexo . . . Ele podia ser generoso, agressivo, espirituoso, sarcástico, profundo, corajoso, encantador, simpático e desconfiado!" Sua situação na América melhorou. A Juilliard School até lhe ofereceu um posto de professor. Mas sua saúde o obrigava a viver no Sul (Los Angeles!!!). Também, não era tão má assim: no meio da depressão (crise), compositores de cinema lhe pagavam 50 dólares por hora de lições particulares. *Minha autoeducação.* Ele ficava deprimido com as críticas porque não havia limites para o seu sentido de responsabilidade. Embora sua experiência fosse de espaço-tempo, sua ideia de unidade era bidimensional: vertical e horizontal. No papel. O sistema dodecafônico e o Sistema de Aposentadoria da UCLA são diferentes. Como? Os Schoenberg (esposa, três filhos) recebiam US$ 29.60 por mês. Uma série de recitais-vesperais de quartetos de cordas Beethoven-Schoenberg foi arranjada na UCLA. Schoenberg: "Música tem de ser tocada à noite, não de tarde." Estudando inglês já idoso, Schoenberg cometia alguns poucos erros, depois chegou a falar fluentemente. Todos nós tínhamos escrito fugas. Ele disse que ficara satisfeito com o que tínhamos feito. Não podíamos acreditar nos nossos ouvidos, dividimos sua satisfação entre nós. De início temeroso (*cada pessoa nova podia ser um názi*), depois encantado e agradecido: alguém estava interessado em sua arte.

- -

David Tudor e eu tomamos um táxi na cidade baixa. Ele ia ao Macy's; eu ia para a Broadway Oeste e Prince, pra cortar o cabelo. Depois que David Tudor desceu, comecei um papo com o motorista sobre o tempo. Os méritos relativos do almanaque *Old Farmers* e dos jornais veio à baila. O motorista disse que estavam desenvolvendo foguetes que aumentariam a precisão das previsões do tempo de 50 para 55%. Eu disse que eu achava que o almanaque, partindo de uma consideração dos planetas e seus movimentos, em lugar dos ventos e seus movimentos, tinha um ponto de partida melhor, desde que as incógnitas envolvidas não eram tão ligadas fisicamente aos resultados a serem previstos. O motorista disse que tinha feito uma operação alguns anos antes, e que enquanto a carne estava morta e adormecida, antes de cicatrizar, ele podia prever mudanças de tempo pela dor que sentia no corte, e que desde que a carne perdeu o torpor e, por assim dizer, voltou ao normal, ele não pode adiantar mais nada sobre as mudanças do tempo.

Este texto foi escrito nas rodovias, enquanto eu vinha de carro de uma audição em Rochester, Nova York, para outra em Filadélfia, Pensilvânia. Seguindo o plano de escrita que eu tinha usado para *Diário: Emma Lake*, formulei mentalmente, enquanto guiava, uma proposição com um número dado de palavras. Quando ela tomava forma e eu era capaz de repeti-la, encostava num lugar qualquer da estrada, escrevia-a, depois ia em frente. Quando cheguei a Filadélfia, o texto estava pronto.

Foi usado como minha proposição de abertura duma mesa-redonda. A Audiência Mutável para Artes Mutáveis, dia 21 de maio de 1966, no Hotel Waldorf Astoria, em Nova York, para os Conselhos de Artes da América, que depois daquele ano mudou o nome para Conselho Associado das Artes. Os outros na mesa-redonda eram William Alfred, Elizabeth Wardwick, Stanley Kauffmann, John MacFayden e Richard Strechner. Meu texto foi impresso em *As Artes: Planificando as Mutações*, título dado às Atas publicadas da 12ª conferência nacional do Conselho.

DIÁRIO: AUDIÊNCIA 1966

I. Somos uma audiência para a arte de computador? A resposta não é NÃO; é SIM. O que precisamos é de um computador que não vise à economia de trabalho, mas que aumente o nosso trabalho, que faça trocadilhos (ideia de McLuhan) tanto quanto Joyce, revelando pontes (ideia de Brown) onde pensávamos que não houvesse nenhuma, que não nos "ligue" aos artistas, mas faça a gente *virar* artista (ideia minha). *A disposição ortodoxa dos assentos nas sinagogas.* Os hindus souberam disso durante séculos: a vida é uma dança, um jogo, ilusão. Lila. Maya. A arte do século XX abriu nossos olhos. Agora a música abriu nossos ouvidos. Teatro? É só observar o que está em volta. (Se o que você quer na Índia é uma audiência, disse-me Gita Sarabhai, basta uma ou duas pessoas.) II. Disse ele: acho que ouvir sua música me irrita. Que devo fazer para apreciá-la? Resposta: Há muitas formas de ajudá-lo. Eu lhe daria uma ajuda, por exemplo, se você seguisse o mesmo caminho que eu, mas a última coisa que eu faria seria dizer-lhe como usar suas próprias faculdades estéticas. (Você está vendo? Estamos desempregados. Se ainda não é assim, "logo, logo será". Não temos nada a fazer. Então o que faremos? Sentar num auditório? Escrever críticas? Ser criativos?) Costumávamos ter o artista num pedestal. Agora, ele não é mais extraordinário do que nós. III. Observem que as plateias nas grandes altitudes e nos países do Norte tendem a ficar atentas durante as execuções, enquanto que, no nível do mar ou em países quentes, elas externam seus sentimentos sempre que os têm. Estamos, por assim dizer, indo para o sul no modo pelo qual experienciamos arte? Participação da audiência? (Não tendo nada a fazer, fazemo-lo, não obstante; nosso maior problema é encontrar lapsos de tempo para fazê-lo. Descoberta. Conhecimento.) "Abandone as trilhas surradas. Você verá coisas jamais vistas." *Depois da primeira execução da minha peça para doze rádios, Virgil Thomson disse: "Você não pode fazer esse tipo de coisa e esperar que as pessoas paguem para ouvi-lo."* Separação. IV. Quando o nosso tempo era dedicado ao trabalho físico, carecíamos de uma espinha dorsal e um lábio superior rijos. Agora que estamos mudando nossas cucas, atentos a coisas invisíveis, inaudíveis, temos outras virtudes invertebradas: flexibilidade, fluência. Sonhos, eventos diários, tudo nos chega e nos atravessa. (A arte, se você quer uma definição, é um ato criminoso. Não se submete a regras. Nem às suas próprias regras. Todos os que experimentam uma obra de arte são tão culpados quanto o artista. Não é uma questão de repartir a culpa. Cada um de nós recebe toda a culpa.) Perguntaram-me sobre teatros em Nova York. Eu disse que podíamos usá-los. Deviam ter plateias pequenas com largas e espaçosas áreas para a execução, equipadas com transmissão de televisão para aqueles que preferem ficar em casa. Devia haver um café ao lado, com comes e bebes, sem música, propício para jogar xadrez. V. O que aconteceu em Rochester? Mal começamos a tocar, a plateia começou. Começou o quê? Trajes. Comida. Rolos de papel higiênico projetados às baldas pelo ar, do balcão. Programas dobrados também voavam. Música, perambulações, conversas. Começou a festa. *Uma plateia pode sentar quietinha ou fazer ruídos. As pessoas podem murmurar, falar e até berrar. Uma plateia pode ficar sentadinha ou se levantar e caminhar. Gente é gente, não planta.* "Vocês gostam de plateia?" Claro que sim. Nós o mostramos deixando-lhes a barra livre. (Arte e dinheiro estão juntos neste mundo, e se necessitam mutuamente pra continuar existindo. Talvez estejam os dois de partida. O dinheiro se tornará um cartão de crédito sem o acerto de contas mensal. E a arte o que será? Uma reunião de família? Se for assim, façamo-lo com as pessoas circulando, cada indivíduo livre de fixar sua atenção onde quiser. Lugar de encontro.) VI. Depois de uma década oriental, um Bikku tibetano voltou a Toronto para ensinar. Ele me disse que, se tivesse de dizer a verdade, sua audiência baixaria para seis pessoas. Em vez disso, ele dá palestras transmitindo não o espírito, mas a palavra compreensível. Duzentas pessoas sempre ouvem, todos profundamente tocados. (Arte é uma forma de expelir ideias — as que catamos dentro e fora de nossas cabeças. O que é maravilhoso é que quando as expelimos — essas ideias — elas geram outras, a começar pelas que nem estavam em nossas cabeças.) Charles Ives teve essa ideia: a plateia é qualquer um de nós, um ser humano qualquer. Ele se senta numa cadeira de balanço numa varanda. Olhando para as montanhas, ele vê o pôr do sol e ouve sua própria sinfonia: nada mais do que os sons que acontecem em volta dele.

Uma vez que a gente começa a se interessar por melhorar o mundo, não para mais. Eu comecei o seguinte texto imediatamente depois de terminar o primeiro. Dei-lhe mais ou menos o mesmo tamanho, mas de outra maneira. Os blocos de notas em que eu o escrevi iam comigo pra todo lado. Terminei no começo de setembro de 1966 em Pontpoint (*par* Pont-Sainte-Maxence), ao norte de Paris, na casa de campo de John de Menil, numa sala em que Montesquieu — disseram-me — também escreveu e sobre um assunto não muito diferente. Foi entregue a Maxine Groffsky para publicação na edição de primavera de 1967 da *Paris Review*.

DIÁRIO: COMO MELHORAR O MUNDO (VOCÊ SÓ TORNARÁ AS COISAS PIORES) CONTINUADO EM 1966

XXX. O máximo, o melhor, que temos a fazer,
achamos (querendo dar prova de amor),
é cair fora, deixando
o espaço em volta para quem e o que quer que seja.
Mas não há espaço! **A diferença entre
a miséria de agora e a miséria de antes:
agora temos crédito inquestionável.** *"No
Princípio era o Verbo" Pupul Jayakar
(recém-chegada da Índia), falando de
computadores, disse: Uma explosão da Palavra;
comunicação sem linguagem! (Nós
ainda falaremos: a) por razões práticas; b)
pelo simples prazer; c) para dizer o que
deve/não deve ser feito.)* Pássaro no ar
sobre nós. Amigos que não se veem mais.
Sumiram. Alguns morreram. XXXI. México, Índia,
Canadá (mudando de cidadania). *Democracia
eletrônica (voto instantâneo da*

parte de todos): nada de rebanhos. Crédito
mundial. Ouvindo meus pensamentos, ele perguntou: Você
é marxista? Resposta: Eu sou um
anarquista, o mesmo que você é quando está
telefonando, ligando/desligando as luzes,
bebendo água. Projetos particulares de
instrução já não são suficientes. Não
só autorrealização, mas também realização social. *Fuller*
falou de Semantografia, linguagem pictórica
universal projetada por C.K. Bliss, e disse
que ela era rica em substantivos, enquanto
precisamos é de verbos. **O problema da servidão.** O que
é o quê? (Rússia, EUA) Qual é qual? Eu
mencionei as drogas. Kremen disse que a mente
humana já é bastante interessante no
estado não tóxico. XXXII. Interrogado sobre
utilidades domésticas, Fuller salientou
as cabines telefônicas de beira de estrada, com luz
elétrica: utilidades à disposição vinte e quatro horas por dia.
(Como isso aconteceu, escapou à nossa observação,
já que não estavam envolvidos os atos de pagar ou votar.
Pode-se esperar que cama, comida e banho
se anexem ao telefone ou estejam em disponibilidade num lugar qualquer:
descentralização da vida.) Fazer-se por si mesmo!
Perdido de duas maneiras diferentes.
Havia também um fogo a
apagar. Sozinho (ninguém para discordar).
Xadrez. Interrogado sobre o que fazia, ele disse que tinha
estudado meteorologia, passado nos exames,
recebido o diploma, e que é simples fazer previsões
do tempo. (O que é que seus professores tinham na
cabeça?) "Não há razão para
os erros que comumente se fazem."
XXXIII. Mudanças nos aquários todos os peixes
no mesmo tanque; nada de informações em
latim. **Cruzando o Texas, oitenta milhas por**

hora, o rádio rocka e rolla (agora eu
ouço): "Se é um jogo, eu não vou jogá-
-lo. Não fique aí de pé. Diga-me
o que é, que é; que é que você
tá pensando." Ele se inscreveu como
um opositor de consciência. Convocado
de qualquer jeito, foi colocado num trem que ia para o sul.
Escapou, foi capturado, passou um ano em
serviço. Então, como ele nunca descontou nenhum
dos cheques que lhe deram,
recebeu uma baixa honrosa.
(As galinhas russas tiveram uma doença muscular.
As terapias químicas falharam. De repente,
as galinhas ficaram boas. Os
tecidos musculares tinham sido reduzidos ao
caos, desorganizados por meios elétricos.)
XXXIV. Doutrina de Boddhisattva: Entre no
Nirvana só quando todos os seres, sensíveis,
não sensíveis, estiverem prontos a fazer o mesmo.
Não pude crer nos meus olhos (parando para
almoçar em Red Bud, Illinois): uma única
fotografia da natureza (montanhas,
lago, ilha, florestas), ampliada, impressa
duas vezes, uma da esquerda para a direita, outra da direita para
a esquerda; as duas impressões justapostas para formar uma
única imagem, se unem no meio.
Eugenia Proposta: levar os fatos da
arte a sério: experimentá-los em economia
política, desprezando, porém, noções como
equilíbrio (de poder, de riqueza),
primeiro plano, segundo plano. Eles o matarão,
disse ela, delicadamente. Há uma
tentação para não fazer nada, simplesmente porque
há tanto a fazer, que a gente não
sabe por onde começar. Comece por qualquer lugar. Por
exemplo, já que a eletrônica está na

ordem do dia, estabeleça uma
voltagem global, um único desenho para
plugues e tomadas. Esqueça a necessidade de
transformadores e adaptadores. Varie não
os meios de conexão, mas as coisas a serem
conectadas. XXXV. Está se encontrando um meio de
superar o problema inerente à pintura e à
escultura (a questão do objeto): projeção com
laser, de imagens tridimensionais.
Para remover o objeto, coloque a mão no ar rarefeito
atrás dele. **O que há de interessante sobre
as mentes, é que elas trabalham diferentemente.
O que há de interessante sobre uma mente é que
ela trabalha de diversas maneiras. Caçando uma coisa,
encontra-se outra. Jardins que
parecem sem cultivo: Tinguely em
Soissy-sur-École. Eu me lembro dos moluscos do
Sound exibidos, anos atrás, num aquário
de Seattle (perto do Mercado dos Fazendeiros,
entrada dez centavos): seu movimento,
seu controle do ritmo. Eram como uma cama,
imóveis, um sobre o outro,
à profundidade de dois pés no tanque de água,
areia no fundo. Disseram-nos para
esperar.** XXXVI. O tempo parece bom.
Não está. Precisa mais chuva. Água.
**Ele jogou duas partidas, ganhando uma, perdendo
a outra. Ele era continuamente ele mesmo,
totalmente envolvido em cada partida, impassível
com o resultado das duas. Qual é a
natureza do seu ensinamento? Uma
coisa: dedicação (a prática o evidencia).
Outra coisa: não jogar só meia
partida, mas jogá-la inteira
(com um ponto de vista que inclua o
do opositor).** De repente um molusco subiu

diretamente à superfície, ficou lá por um
momento, depois desceu lentamente,
como uma folha, inclinando-se para um lado, depois para
o outro, chegando ao fundo para produzir
uma perturbação tão grande que molusco por molusco
fez o mesmo, às vezes vários, outras
muitos, outras nenhum,
produzindo uma dança que nos envolveu
completamente. (Fazendo o que a gente precisaria
fazer.) **XXXVII. Projetos que envolvem muitas
pessoas e muitas interrupções, vão bem.
Interesses particulares vão aos tropeções.** *O
fato de os pais se terem separado não
perturba as crianças. Elas continuam
vendo televisão. Com quantos anos
devem começar a fumar maconha? Parece
que ninguém sabe.* **Tolstói: a arte desperta
apropriadamente a emoção religiosa (conduz
à fraternidade toda a humanidade, sem
fronteiras).** Skinner: "Concordemos logo
de saída que a saúde é melhor do que a
doença, a sabedoria melhor do que a ignorância,
o amor melhor do que o ódio, e a energia
produtiva melhor do que a preguiça neurótica." *Nós
inventamos máquinas a fim de reduzir nosso
trabalho. Agora que nós as temos, achamos que
devemos continuar trabalhando (o Comitê
dos Oito para a Automação, Economia e
Emprego, considerando se a sociedade dos
EUA devia ser impulsionada pelo emprego
ou pelo desemprego, votou por seis a dois a favor
do emprego).* XXXVIII. "Respirando."
Inanição. **Não há parada.** O
jardim e um bangalô. O céu é o seu
teto. As sebes formam as salas retangulares.
A macieira, ao ser admirada, rachou como se tivesse

sido atingida por um raio. Coincidência!
Seu galho está no gramado como um
quadro mal pendurado.
As flores estão murchando. O jardineiro está de
férias. **Há lama no para-brisa,**
galhos caídos por toda parte. O céu está
preparado para o lançamento de mísseis. “Ele
bateu primeiro.” Somos arejados. Resultado:
uma ideia, deixando a cabeça onde nasceu, volta
transformada. Pensamentos individuais se tornam
projetos sociais. “O mundo está O.K.
como está”: “Trabalhe para tornar o mundo O.K.” Moksha
transformada é artha, da qual foi uma
liberação. O espírito está materializado.
Kama? Caminhando, vai nos acontecer de nos
tocarmos, ficando apaixonados imediatamente.
XXXIX. Se uma Utopia tal como Skinner em 1948
descreveu (Walden Two), não existe,
por que não existe? Se existe,
por que não estamos todos lá dentro? *O que*
o traidor pensa, mostra em que se transformou a mentalidade
da nação. O refrão de Pound: Abaixo a
usura. Lincoln: A menos que o próximo Presidente
ponha os bancos particulares fora da lei, a América,
dentro de cem anos estará em pior situação
do que está agora (Guerra Civil). **O resto do**
mundo sofreu uma cirurgia pra não ficar igual à
Índia. Um hindu perto da queda-d’água de
Nova Jersey, vendo a superfície do reservatório
embaixo, branca de espuma de detergentes,
abarrotada de latas de cerveja, aconselhou
embalagens que a gente possa comer. Aromas
diversos. Coisas que retornam à
natureza. XL. Para financiar a União vs.
Confederação, Lincoln autorizou
bancos particulares nos EUA. O crédito

(convencionalmente 9/10 do poder
econômico, o dinheiro real constituindo o
décimo restante) tornou-se propriedade
de banqueiros. A "jogada" é que nem
todo mundo vai querer seu depósito de volta ao
mesmo tempo. Nove vezes mais do que um banqueiro
tinha, era seguramente para emprestar a juros.
Segundo contam: Papai caiu fora,
foi para um rancho, arranjou um emprego de irrigador
(um emprego que manteria vários homens ocupados todos
os dias, o dia inteiro). Deu uma olhada
na terra, fez algo, cavucou algo (não consigo
me lembrar o quê). Não era preciso mais nenhum
trabalho. Vendo que ele não tinha nada
que fazer, eles o demitiram. XLI. Estamos nos
libertando do hábito que tínhamos de explicar
tudo. **A ideia de Margaret Mead sobre**
transporte metropolitano. (Duchamp teve a
mesma ideia nos anos 20): estacionar carros particulares
nos limites da cidade; usar os carros urbanos
como se usam os carrinhos em supermercados e
aeroportos, abandonando-os no ponto de destino.
A polícia cuidaria de devolver os carros aos
estacionamentos, fazendo a manutenção e os
reparos necessários. Segurança Econômica
Básica (Robert Theobald: Homens Livres e
Mercados Livres): todos terão o que
precisam. Querendo coisas raras,
cada um as fará, encontrará,
arranjará (enquanto durar a reserva),
em retribuição por ter feito algo
que as máquinas não fazem. Os cogumelos apareceram
mais cedo do que eu esperava. *XLII. Para*
saber se a arte é ou não contemporânea,
não usamos mais critérios estéticos (se
ela é destruída pelas sombras, estragada pelos

sons ambientes); (admitidos estes), usamos critérios sociais: eles podem incluir ação da parte de outros. Levaremos os loucos conosco, e sabemos aonde estamos indo. Agora mesmo, ele me contou, eles se sentam nos cruzamentos das cidades africanas regenerando a sociedade. Hospitais mentais: localização de uma fonte que ainda temos de explorar. Eu visitei um anarquista idoso. (Ele tinha os últimos exemplares de Homens Contra o Estado, de Martin.) Ele me apresentou a duas crianças negras que tinha adotado. Depois que elas saíram para brincar, ele me contou que dificuldades tinha tido para decidir finalmente seguir essa linha: Não ficar pulando nas camas. **XLIII.**

Quando ele viaja de um lugar para outro, abandona suas coisas. Ele precisa de ajuda, mas ninguém sabe onde ele está. *Não sei o que ler Love's Body [O corpo do amor] ou jornais velhos que estão por aí.*

Tudo que a gente encontra é pertinente. **Vivendo sob a terra porque não havia dinheiro. A terra e o ar do Arizona permitiam construir outeiros, cobri-los com cimento, escavando para construir quartos, dotando-os de claraboias. Para todos que se aproximassem, a comunidade era invisível. Cactos, plantas do deserto: a terra parecia inalterada.** A quantidade (abundância) transforma o que é vício, o que é virtude. O egoísmo está por fora; a despreocupação está por dentro. (O desperdício é característico.) "Não espalhe o lixo." "Mantenha a Carolina do Norte verde." Rasgue os Dez Mandamentos. Um dos

novos: Não viverás
(em acréscimo ao controle da natalidade,
controle dos nascimentos, eutanásia). O que a natureza fez,
agora nós temos de fazer. **XLIV. A má política
(Souvtchinsky) produz boa arte. Mas para que
serve a boa arte?** (Johns disse que
podia imaginar um mundo sem ela e
que não havia razão para pensar que não
seria um mundo melhor.) **Ele fora
treinado para cantor. Trocou a música pela
cozinha. Começou com um pequeno restaurante, que o
ocupava três vezes ao dia, em vez de uma só
como no teatro (e nem sempre
todo dia.)** Julian Beinart disse que,
andando de táxi na África do Sul,
observou uns caronistas negros, homens de tribo que
cobriam o corpo com uma graxa atrai-mosquitos,
já que mosquitos eram considerados os melhores
ornamentos; ele pediu ao chofer pra levar os
caras, mas o chofer se recusou.
O chofer disse que a graxa deixada no carro
era quase impossível de remover.
"A gente nunca ficaria livre dos mosquitos."
XLV. Uma refeição sem cogumelos é como um
dia sem chuva. Criado como um
metodista, nunca tomei drogas.
Quando um físico me disse que eletrodos perto
do meu ouvido me tirariam a sensação de
equilíbrio, ou que, se eu estivesse voando pelo espaço,
e a cápsula virando, eu ia pensar que
meu equilíbrio era normal, eu fiquei
fascinado. Perguntando a Duchamp por que eu aceitava
a eletrônica enquanto recusava a química, ele disse:
"Não é contra a lei." A discussão de George
Herbert Mead sobre a atitude religiosa:
primeiro a gente se considera um membro de

uma família, mais tarde uma parte de uma comunidade,
depois um habitante de uma cidade, cidadão de tal
ou qual país; finalmente a gente não sente mais
o limite daquilo de que a gente faz parte.
XLVI. O passado? Resposta de Fuller:
Conserve-o. Times Square, por exemplo: cubra-
-o com uma cúpula; ponha mesas e cadeiras dentro,
com carpete de plástico. (Guarde o que sobrar,
de forma a que lá esteja para ser usufruído, não para ser só
objeto de leitura.) Os chineses procedem diferentemente,
relata Häger. Revoltados contra
si mesmos, mandam os artistas que sustentam a
tradição, atores, músicos, para os
trabalhos forçados em lugares distantes. Vida nova.
Depois de cada guerra, a indústria coloca novos
produtos à venda. Os benefícios dos
presentes conflitos (frios e quentes, na
terra e no espaço) serão enormes. Nenhuma
organização, escola, por exemplo, será
capaz de proporcioná-los. O único usuário
(não somente rico, mas bastante grande para
usá-los) será o próprio globo. **XLVII.**
Todas as latas de lixo na Alemanha Ocidental são
do mesmo tamanho. Elas têm tampas desenhadas de forma a que
a única coisa que a gente tem de fazer é
colocá-las na traseira do caminhão de
lixo. O caminhão faz o resto: apanha-as,
vira-as de cabeça pra baixo, abre
a tampa, recebe o lixo,
fecha a tampa, e coloca-as de novo
na calçada. Depois de obter
a informação num pequeno manual
francês, fiquei satisfeito de descobrir que
Lactarius piparatus e *L. vellereus*,
cogumelos grandes e brancos que crescem
abundantemente em toda parte em que eu caço, são de fato

excelentes quando grelhados. Crus, eles têm um
leite que queima a língua e
a garganta. Cozidos, são deliciosos.
Indigestão. **XLVIII. Como é que a gente fará
para se disciplinar? O supérfluo
fará isso por nós.** *Ele
me contou que uma coisa que observou entre
as pessoas que usam maconha e LSD
é que elas não dão bola às
convenções de se cumprimentarem ou
de se despedirem.* Comunidades
abertas e fechadas (uma expressão botânica):
ao remover a terra, os homens a
revelaram. Sementes e esporos pelo ar
têm uma chance de aterrissar, de viver. Leis
que precisamos romper: a lei que proíbe parar
ao longo das vias principais, exceto em emergências
ou em pontos estabelecidos; a lei que proíbe que
se colham plantas úteis. XLIX.
O lar começa fora. O abrigo é dentro.
[Buckminster Fuller: *Perfil da
Revolução Industrial.* Aquisição
técnica, pela ciência, de noventa e dois elementos
atômicos, levada a cabo em 1932. No mesmo ano
(comentários de John McHale), o ouro foi
abandonado como certificado de riqueza nos
EUA] *Examine os jornais, os
livros, pra ver quais as ideias que podiam ter
sido postas em uso, mas não foram. Não
só ideias, mas invenções que funcionavam:
o desidratador de papai, que trabalhava
eletrostaticamente, decompondo azeite
refugado em substâncias químicas secas, água que podia
ser bebida, azeite do mais alto teor,
seus processos de prevenção contra raios.*
Videofone: serviço comercial limitado,

agora disponível entre Nova York, Chicago e
Washington. Os usuários têm de
estar altamente envolvidos em negócios,
no governo e/ou na guerra. **L. Abundância.**
Os funcionários procuravam assegurar-se de que
tivéssemos pago os impostos de nossas viagens aéreas, não pediram
nossos passaportes. *Marcel Duchamp.*
". . . Valência, catedral — Universidade.
Palma será interessante outra vez, depois
Dardona pulando para Milão, depois
a costa oeste da Iugoslávia & um giro
(no extremo sul) pelas ilhas gregas
depois, avião de Atenas a Nova York.
Muitos viajantes — indo pra toda parte.
Com amor, Mamãe." Mais irritado com o
horário do que com o trabalho, anunciou
que lavaria toda a louça. Logo, os
outros estavam ajudando. Às vezes, ele não
tinha nada o que fazer. **Voltando da**
Europa: "Estamos todos de olho
na volta do WPA[7] É a
única coisa para a qual tivemos algum talento."
LI. "Utopia para propósitos práticos."
Um judeu alto, de seus 16 anos, na minha frente;
sua mãe, a fim de ir às compras,
preocupada se ele seria capaz de preencher
os prontuários de seu passaporte sem a ajuda
dela. Depois de sair e voltar várias vezes,
finalmente ela abandonou a sala repleta.
Descobrindo que ele sabia jogar xadrez,
tirei meu tabuleiro magnético portátil.
De pé, na fila, jogamos duas partidas,
deixando a segunda inacabada.
As vacas, na Índia, não entendendo de
sinais de trânsito, atravessam cruzamentos
sempre que os atingem. Os motoristas

nunca ficam bravos. Esperam pacientemente. O
ar da noite está pesado, com o cheiro de
esterco de vaca queimando, combustível usado para cozinhar.
Empreendimento de Buffalo: manufatura de
anticoncepcionais para vacas. Menos vacas:
mais alimento para milhões de esfomeados.
LII. A história que Agam contou: "Estou procurando uma
chave que perdi por ali." "Então, por que não procura
onde a perdeu?" "Está muito
escuro lá. Estou procurando aqui, onde
há luz." **A televisão está por dentro,**
as coisas televisadas é que não estão. Aparelho
receptor, utensílios estão por dentro, o lar
é que não está. Arquitetura: "Serviço de controle
do ambiente", "vantagem da habitação" (Fuller),
"cada modelo progressivo obsoleto . . .
materiais destruídos, reprocessados", ("mais
com menos") "instituindo . . . a indústria
mundial . . ." "Incluir . . . o 'design' de . . .
serviços, manutenção, inventários das partes
e execução de transportes
necessários para fazer . . . o serviço operante em todo o
mundo." (John McHale) "Permitir toda
espécie de vida." Pesos, medidas.
Música que tenha notas demais ou insuficientes
(preferência de Takahashi). **LIII.**
O pai é viciado em drogas. A mãe
(há dois dias — eles vieram com casacos
brancos, carro branco, lanternas, perguntando:
"Onde está a mulher louca?") foi levada
em camisa de força. As crianças dormem
em casa, brincando e comendo na
outra sala: (Movimento perpétuo.) **Transferir**
os controles sociais para lugares em que eles
escapem de nossa observação. Examine situações.
Tome decisões. Implemente-as. [Eu

perguntei ao Fuller se ele jogava xadrez. Ele
disse que antes jogava, mas agora só joga
um (o maior) jogo. Ele o faz
energeticamente, globalmente ("Tenho uma
constituição forte"), encorajando
os jovens que herdaram da televisão,
seu "terceiro pai", a consciência
do mundo. "Eles pensam 'mundo' . . .
A sua revolução será a mais poderosa e
construtiva da história."]
*LIV. Quanto mais deixamos a terra, mais
produtiva ela se torna.* **Técnica para
mudar a sociedade: educação seguida de
desemprego.** **Artigo de Avner Hovne sobre
automação ("Impacto da *ciência sobre a
sociedade* 15:1, publicação da Unesco).
Valores de continuidade cedendo lugar a valores de
flexibilidade. A automação altera o que é feito e
onde o fazemos.** A gente sempre podia dizer
quando ela estava para ficar fora de
si. Ela começava a dizer a
verdade. Abril de 1964: cinquenta e cinco serviços
globais. Setembro de 1965: sessenta e um
serviços globais. Ninguém com quem eu falo
sabe nada sobre eles. Em agosto de 1966,
não tenho nenhuma lista, não sei o número
deles. Em lugar disso, leio o que
encontro nas livrarias e bibliotecas, cato
subsídios daqui e dali. Saúde Mundial.
Alimento Mundial. Escutei Fuller, ao
telefone, ouvi-o insistir: "Homem mundial —
não internacional." **LV. Dizem que,
graças às viagens espaciais, os
russos encontraram um meio
de provocar o sono eletronicamente. Em vinte
ou trinta minutos, a gente pode**

descansar tanto quanto em oito ou nove horas
de sono normal. *Economia (dinheiro). Bernard*
Monnier disse: Sim. "É uma questão de
crédito, inteiramente fictício,
convencional." Interrogado sobre se é
finalmente uma questão de personalidade (não
máscaras, mas os sentimentos que as pessoas
trocam), ele disse novamente: Sim. "É uma
questão de uma pessoa ter
confiança na outra." **Mobilidade,**
imobilidade. **Os artistas nunca tiveram tempo**
suficiente pra fazer sua obra. Suas vidas
sempre terminaram antes de completarem
seus projetos. Ócio, presente ou
futuro, não é um problema social.
Talvez o fato de não termos podido nos conhecer
mutuamente nos faça pensar que
as pessoas não têm nada o que fazer. LVI. Urgência.
Expressão de "perder por tempo" em xadrez.
Obrigação de voltar atrás, de mover uma peça
que a gente já moveu, de proceder de uma forma que não tem
nada que ver com os planos da gente. Tome
seu tempo, ele diz. Mova, mas só depois de
estar plenamente consciente de todas as
possibilidades. Quantidades-X. A filosofia
hindu e a sociedade em conflito:
a sociedade hindu limitada à família;
a família é definida como parando no
sétimo parentesco. Outro
erro, japonês: a recusa de ser apresentado
formalmente (leva a
filantropias que a gente não quer
praticar). **A propriedade em Pontpoint.**
Formalidade e informalidade misturadas:
elegância sem pretensão (uma diferença não
essencial entre a porta da frente

e a da cozinha). Um erro: só os
empregados têm TV. À mesa,
conversamos. Depois do café, jogamos paciência,
xadrez, dando uma ou outra espiada nos
quadros e nas esculturas ("Tudo já foi
visto"). Às quatro da tarde vamos
caçar cogumelos. "Outra parte da
floresta." *LVII. Discutindo suas*
viagens, uma senhora mencionava sua estada
em Mallorca. Quando lhe perguntaram onde
era isso, ela disse que não tinha ideia. "Fomos
de avião." (O céu está pesadamente nublado: cinza,
negro mesmo, algumas nuvens brancas. Há nesgas
de azul.) **Burocracia. Ele imagina**
que suas ideias lhe pertencem. Recusou-se
a revelá-las, temendo que alguém
tirasse proveito delas. Fazia
contratos que ninguém queria assinar. *A*
ideia de que tudo é igual (direitos iguais) não é diferente
da ideia de que tudo é
desigual (único). Gostos ou aversões não estão
implícitos em nenhuma das ideias.
Não-obstrução. A crítica se transforma
em "design" (as faculdades da gente, usadas antes
em vez de depois que alguma coisa é feita).
Diálogo. LVIII. (A música deixou
perfeitamente claro: temos o tempo do
mundo. O que costumávamos timidamente
tocar em oito minutos, agora estendemos
para uma hora. As pessoas que pensam que não
estamos ocupados conversam com a gente enquanto a gente
está executando.) Palestra de Suzuki sobre Yu,
o princípio do não conhecer, um
não conhecer jamais se tornando um conhecer.
Lá pelo fim, ele sorriu gentilmente,
sem expressar nenhuma conclusão, e

disse: "Não é engraçado? Fiz todo esse
caminho do Japão para lhe explicar algo
que, pela sua própria natureza, não pode ser
explicado?" Um compositor, que não mais
organiza sons numa peça, simplesmente
facilita um empreendimento. Usando um
telefone, aluga materiais,
serviços, arranja dinheiro para pagá-
-los. *LIX. Mamãe escreveu para dizer: "Fique*
na Europa. Absorva tanta beleza quanto
possível." *Cartões perfurados para*
inserir nos telefones pra não
ter de lembrar números ou perder
tempo discando. Aceleração. *Que faremos*
com nossas emoções? ("Suporte-as", eu a
ouvi dizendo.) Tendo tudo de que precisamos,
continuaremos, contudo, a passar noites sem descanso,
em vigília, desejando prazeres que
imaginamos que nunca virão. As coisas
também acontecem gradativamente (um anarquista
de Nova Babilônia foi eleito
membro do Conselho da Cidade de Amsterdã).
Temos o direito, explica Fuller, de combater
a escravidão, a segregação etc. (o
problema do trabalho está resolvido: as máquinas
tomam o lugar dos músculos); ainda não temos
o direito de combater a guerra: primeiro precisamos
projetar, depois implementar, os meios para
transformar os recursos mundiais em
propriedade de todos os homens. LX. Um anarquista
americano, em 1900, admitindo o fracasso,
retirou-se para o sul da França. O engenho
voador de papai, em 1918, espatifou-se
antes de deixar a terra. Ainda
não tinham sido descobertas ligas necessárias para controlar
a força. Descobrir "dielétricos" para

voltagens ultra-altas (redes elétricas
globais). Mudar a sociedade de modo a que
as diferenças sejam revigorantes, sem nada ter a ver com
propriedades/poder. Octavio e
Marie-José (nos encontraremos de novo no
México). Narayana Menon tinha dito:
"Você vai gostar do Embaixador; ele é um poeta."
Perguntei a Paz se ser um diplomata roubava
muito tempo de sua poesia. Ele disse
que não. "Não há comércio entre os
dois países. Eles estão em
ótimas relações."

Em Darmstadt, quando eu não estava envolvido com música, estava nos bosques procurando cogumelos. Um dia, quando colhia alguns *Hypholomas* que tinham crescido num toco perto da sala de concertos, uma senhora, secretária dos *Ferienkurse für Neue Musik*, chegou-se e disse: "Afinal, a Natureza é melhor do que a Arte."

• • •

Depois de mais ou menos uma hora nos bosques procurando cogumelos, papai disse: "Bem, sempre a gente pode ir e comprar alguns verdadeiros."

• • •

Algum tempo depois que meu pai morreu, eu estava falando com mamãe. Sugeri que ela fizesse uma viagem ao Oeste para visitar os parentes. Eu disse: "Você vai se divertir." Ela replicou em cima: "Ora, John, você sabe perfeitamente que nunca apreciei me divertir."

• • •

Quando a Filarmônica de Nova York tocou minha *Atlas Eclipticalis* com a *Winter Music (Versão Eletrônica)*, a plateia mais ou menos jogou o bom comportamento pela janela. Muitos saíram. Outros ficaram pra vaiar. Na matinê de domingo, uma senhora sentada ao lado de mamãe estava particularmente violenta. Perturbava todo mundo em volta dela. Quando a execução acabou, mamãe se voltou para ela e disse: "Eu sou a mãe do compositor." A senhora disse: "Céus! A música do seu filho é magnífica! A senhora quer lhe dizer, por favor, que eu adorei?"

• • •

Franz Kline estava pra fazer a primeira mostra de suas pinturas em preto e branco na Galeria Egan. Imaginando que sua mãe nunca vira suas pinturas e que, seguramente, ela estaria interessada em vê-las, conseguiu que ela viesse a Nova York para a inauguração. Depois que ela passou algum tempo na Galeria, disse: "Franz, eu devia imaginar que você encontraria o modo mais fácil."

• • •

Em 1960, recebi uma carta do presidente de uma universidade, me contratando para o ano acadêmico seguinte. Chamei mamãe pra lhe dar as boas-novas. Eu disse: "Estou em vias de ser um Membro do Centro de Estudos Superiores na Universidade Wesleyan." Mamãe disse: "Por que eles estão sempre relacionando você com a dança?" Então, depois de uma pausa, ela acrescentou: "Eles sabem que você é um zen-budista?"

Se Marcel Duchamp não tivesse vivido, era preciso que vivesse alguém exatamente igual a ele, para que pudesse existir um mundo como este que estamos começando a conhecer e experimentar. Tendo essa opinião, senti-me obrigado a guardar uma respeitosa distância, embora o tivesse encontrado no começo da década de quarenta, e no fim da década tivesse escrito música para sua sequência no filme de Hans Richter, *Sonhos que o dinheiro pode comprar*. Quando estive no Japão em 1962, Yoshiaki Tono me pediu pra escrever um texto para a edição de setembro de 1963 da *Mizue*, uma revista mensal de belas-artes, que devia incluir a segunda parte de uma introdução ao método de Marcel Duchamp. Eu entreguei as notas que se seguem. Então, afortunadamente, durante as férias de inverno de 65-66, os Duchamps e eu éramos sempre convidados para as mesmas festas. Numa delas, eu me dirigi a Teeny Duchamp e lhe perguntei se ela achava que Marcel aceitaria me ensinar xadrez. Ela disse que achava que sim. Dadas as circunstâncias, desde então estivemos juntos uma ou duas vezes por semana, exceto duas semanas em Cadaqués, quando estivemos juntos todos os dias. Observações aqui e ali nos meus segundo e terceiro textos sobre o aperfeiçoamento do mundo foram sugeridas pelas coisas que ele fazia ou pelas ideias que expressou nessas ocasiões.

---

26 PROPOSIÇÕES SOBRE DUCHAMP

História

Permanece o perigo de que ele saia da valise em que o pusemos. Enquanto permanecer encerrado

Os demais eram artistas. Duchamp coleciona pó.

O cheque. O fio que ele deixou cair. A Mona Lisa.

As notas musicais tiradas de um chapéu. O vidro. A pintura feita com revólver de brinquedo. As coisas que ele achou. Por isso, tudo que se vê — todo objeto, isto é, mais o processo de olhá-lo — é um Duchamp.

Duchamp Mallarmé?

Há duas versões dos quadros de rebanhos de bois. Uma conclui com a imagem do nada, outra com a imagem de um homem gordo, sorrindo, voltando para a aldeia levando presentes. Hoje temos só a segunda versão. Chamam-na de neodadá. Quando falei com M.D. há dois anos, ele disse que estivera cinquenta anos à frente de seu tempo.

Duchamp mostrou a utilidade da adição (bigode). Rauschenberg mostrou a função da subtração (De Kooning). Bem, esperamos pela multiplicação e pela divisão. É certo presumir que alguém estudará trigonometria. Johns

Ichiyanagi Wolff
Não usaremos mais o funcional, o belo, ou o fato de algo ser verdadeiro ou não. Só temos tempo para conversar. Que o Senhor nos ajude a dizer algo em troca, que não seja simples eco do que já ouvimos. Naturalmente, a gente pode cair fora, como fazemos nos pontos críticos, e falar pra nós mesmos.

Lá está ele, balançando naquela cadeira, fumando seu cachimbo, esperando que eu pare de chorar. Eu ainda não posso ouvir o que ele disse na ocasião. Anos depois eu o vi na MacDougall Street, no Village. Ele fez um gesto que achei que significava o.k.

"Más ferramentas requerem maior destreza!"

Um Duchamp.

Parece que Pollock tentou fazê-lo — pintura em vidro. Apareceu num filme. Admitiu-se o fracasso. Essa não era a forma de proceder. Não se trata de fazer de novo o que Duchamp já fez. Precisamos por isso, hoje, ao menos, ser capazes de ver o que está além — como se estivéssemos dentro, olhando pra fora. O que é mais chato do que Marcel Duchamp? Eu lhes pergunto. (Tenho livros sobre sua obra, mas nunca me dei ao trabalho de lê-los.) Ocupados como abelhas com nada a fazer. Ele exige que saibamos que ser um artista não é brinquedo de criança: é equivalente, em dificuldade — certamente — a jogar xadrez. Além do mais, uma obra de nossa arte não é só nossa, mas pertence também ao opositor, que está lá até o final. Anarquia?

Ele simplesmente achou aquele objeto e lhe deu seu nome. Que fez ele então? Achou aquele objeto e lhe deu seu nome. Identificação. Que faremos então? Chamaremos o objeto pelo nome dele ou pelo nome do objeto? Não é uma questão de nomes.

O ar.

Hesitamos em fazer a pergunta porque não queremos ouvir a resposta. Prosseguimos em silêncio.

Um meio de escrever música: estudar Duchamp.

Digamos que não seja um Duchamp. Vire-o ao contrário, e eis um Duchamp.

Agora que não há nada a fazer, ele faz tudo que lhe pedirem: uma capa de revista, uma exposição, uma sequência de filme etc., ad infinitum. Que foi que ela me disse sobre ele? Que ele se dedicou totalmente, exceto dois dias por semana (sempre os mesmos: quintas e domingos)? Que é emotivo? Que formou três importantes coleções de arte? O fonógrafo

Teatro

Alan Watts deu uma festa que começou de tarde, na véspera do Ano-Novo, e durou a noite toda e o dia seguinte. Afora quatro horas mais ou menos, em que tiramos uma sonequinha, nunca ficamos sem comida ou bebida. Alan Watts morava perto de Millbrook. Cozinhava de forma não só excelente, como elaborada. Havia, por exemplo, esqueço exatamente quando, uma torta de carne no formato de uma enorme broa de pão. Trufas recheavam a carne, que tinha sido primeiro passada nos molhos e depois enrolada na massa, na qual tinha sido inscrito em sânscrito: "OM." Joseph Campbell, Jean Erdman, a sra. Coomaraswamy e eu éramos os convidados. Jean Erdman passou a maior parte do tempo tricotando. Alan Watts, a sra. Coomaraswamy e Joseph Campbell conversavam brilhantemente sobre o Oriente, suas mitologias, suas artes e suas filosofias. Joseph Campbell estava preocupado, naquele tempo, com a ilustração de seu livro de Zimmer, *Filosofias da Índia*. Estava ansioso por encontrar um quadro que contivesse vários símbolos especiais e, embora tivesse pesquisando em sua própria biblioteca e diversas bibliotecas públicas, ainda estava procurando o quadro certo. Eu disse: "Por que você não usa aquele do livro de tricô de Jean Erdman?" Joseph Campbell riu porque sabia que eu nem tinha visto o quadro. A sra. Coomaraswamy disse: "Deixe-me ver." Jean Erdman parou de tricotar e lhe passou o livro. A sra. Coomaraswamy começou a interpretar o quadro, que era de uma moça com um suéter em frente a uma paisagem. Ficou evidente que tudo se referia precisamente aos assuntos com que Joseph Campbell estava preocupado, inclusive o número no canto direito superior.

• • •

Eu estava discutindo com mamãe. Voltei-me para papai. Ele falou: "John, meu filho, sua mãe está sempre certa, mesmo quando está errada."

Este artigo foi primeiramente publicado no catálogo do Museu Judeu sobre o trabalho de Jasper Johns, no começo de 1964. Comecei a trabalhar nele em setembro de 1963. Pesquisei uma forma de escrever que estivesse relacionada, de algum jeito, com os quadros e a personalidade do pintor. A ausência de espaço sem pintar na maioria de suas obras e o que me parecia uma aura enigmática de sua personalidade criaram um problema, que eu estava disposto a resolver e que me ocupou e me fascinou durante cinco meses. Na verdade, ainda me preocupa. Johns, mais do que qualquer outro pintor, provocou grande número de pessoas a usar faculdades que elas não teriam empregado de outra forma. Eu precisava de ajuda. Eu a tive de Lois Long e Merce Cunningham, amigos íntimos meus e de Jasper Johns. Eles ajudaram; principalmente em conversas, depois lendo pacientemente e discutindo meus escritos, à medida que se desenvolviam.

Após desistir de planos para um texto que envolvia um uso elaborado de operações ao acaso com respeito a aspecto, tamanho e superposição de tipos, e colagem de textos previamente escritos sobre Johns por outros críticos, eu me decidi pelo plano de fazer uso — como ficou descrito na nota, neste volume, que precede *Ritmo etc.* — da minha *Música para cartucho*. Todavia, considerei os espaços vazios que se originavam dessa forma de escrever, como espaços a serem preenchidos por uma escrita posterior. Os parágrafos e sinais de parágrafo resultam de operações ao acaso.

Johns e Rauschenberg, Cunningham e Tudor foram e continuam sendo artistas de profundo significado para mim. Todos eles produziram alterações na minha obra. Eu não sei se vou conseguir realizar um projeto que tenho há muitos anos: traçar uma correspondência entre esses quatro e as estações: David Tudor seria a primavera; Johns, o verão; Cunningham, o outono; Robert Rauschenberg, o inverno (criação, preservação, destruição, tranquilidade). Tal projeto me obrigaria a ampliar o texto que se segue sobre Jasper Johns, de forma que seria quatro vezes maior, uma extensão que se relaciona, em minha cabeça, ao verão e sua capacidade de manter as coisas vivas.

JASPER JOHNS: HISTÓRIAS E IDEIAS

As passagens em itálico são citações de Jasper Johns, encontradas nos seus livros de notas e proposições publicados.

Na varanda em Edisto. Os discos de Henry enchendo o ar com Rock'n'Roll. Eu disse que não conseguia entender o que o cantor estava dizendo. Johns (rindo): Isso é porque você não presta atenção.

Começando com uma bandeira que não tem espaço em volta, que tem o mesmo tamanho do quadro, a gente vê que não se trata de uma pintura de uma bandeira. Os papéis estão invertidos: começando com a bandeira, foi feito um quadro. Isto é, começando com a estrutura, a divisão do todo em partes correspondendo às partes da bandeira, foi feito um quadro que ao mesmo tempo obscurece e clareia a estrutura fundamental. Há um precedente na poesia: o soneto: obscurecer e clarear, através da linguagem, cesuras, pentâmetros jâmbicos, liberdades e rimas, a divisão principal das catorze linhas em oito e seis. O soneto e a bandeira dos Estados Unidos naquele período da história em que havia quarenta e oito estados? São casas, Shakespeare em uma, Johns em outra, cada um gastando uma parte do seu tempo em viver. ¶ Eu achei que ele estava fazendo três coisas (as outras cinco que ele estava fazendo escaparam à minha observação).

Ele se mantém informado sobre o que está acontecendo, particularmente no mundo da arte. Faz isso lendo revistas, visitando galerias e estúdios, atendendo ao telefone, conversando com amigos. Se um livro chama sua atenção a ponto de acreditar que é interessante, ele o adquire e lê (Wittgenstein, Nabokov, McLuhan). Se lhe chega uma notícia de que alguém mais teve uma de suas ideias antes dele, faz uma anotação real ou mental para não prosseguir com seu plano. (Por outro lado, uma observação casual de um amigo pode servir para modificar uma pintura essencialmente.) Há várias maneiras de melhorar o próprio jogo de xadrez. Uma é voltar atrás quando fica claro que a gente agiu mal. Outra, é aceitar as consequências, por mais devastadoras que sejam. Johns escolhe a última, mesmo quando lhe oferecem a primeira. Digamos que ele tem uma desavença com alguém; ele examina a situação e toma uma decisão moral. Se é preciso chegar a um impasse, ele chega. Se tudo falhar (e ele tomou a precaução de estar preparado para esse caso), ele faz uma obra de arte destituída de lamúrias.

Às vezes eu vejo a coisa e a pinto. Outras, pinto primeiro e depois vejo. Ambas são situações impuras e eu não prefiro nenhuma.

Conduta correta. Ele passou do contestar para o não contestar. Coisas indignas para outros, pra ele não são. ¶ Andando com ele no jardim do Museu de Arte Moderna, ela disse: "Jasper, você deve ser da aristocracia sulista." Ele disse: "Não, Jane, eu sou só da ralé." Ela replicou: "É difícil compreender como alguém que é da ralé pode ser tão agradável como você." Uma outra senhora, enfurecida com as latas de cerveja exibidas na galeria, disse: "Que estão fazendo elas aqui?" Quando Johns explicou que não eram latas de cerveja, mas tinham lhe tomado muito tempo e esforço pra fazer, que se ela as examinasse de perto observaria, entre outras coisas, impressões digitais, e que, além disso, ela poderia também observar que não eram do mesmo peso (i.é., não tinham saído de uma linha de montagem), por que, pergunta ele, ela se deu por vencida? Por que a informação de que alguém fez alguma coisa afeta o juízo do outro? Por que não pode, alguém que está olhando alguma coisa, fazer seu próprio trabalho de olhar? Por que a linguagem é necessária quando a arte, por assim dizer, já tem linguagem em si? "Qualquer imbecil pode dizer que isso é uma vassoura." As roupas (convenções) estão por baixo. A pintura está tão nua como no dia em que nasceu. ¶ O que foi que eu disse no Japão? Que a Mona Lisa com bigodes (ou simplesmente: algo, mais uma assinatura) é igual a uma adição, que o De Kooning apagado é subtração aditiva, que podemos confiar que alguém entenda de multiplicação, divisão, cálculo, trigonometria? Johns.

Os charutos, em Los Angeles, que eram assinados por Duchamp e depois fumados. Inclinando-se para trás, a cadeira só em duas pernas, sorrindo, Johns disse: Minhas latas de cerveja não têm cerveja dentro. Voltando para a frente, sem sorrir, com piedade e sem emitir julgamento, ele disse: Eu também tive problemas; parecia que podia ser um passo atrás. Sempre que o telefone toca, dormindo ou acordado, ele nunca hesita em atender. ¶ *Um objeto que fala da perda, destruição, desaparecimento de objetos. Não fala de si mesmo. Fala dos outros. Será que ele os inclui? Dilúvio.*

Por que este palavrório sobre estrutura? Especialmente quando ele não precisa ter nenhuma, envolvido como está em processos, sabendo que a moldura que será colocada em volta de tudo que ele faz não tornará o ambiente invisível? Simplesmente para tornar claro que essas bandeiras-números-cartas-alvos não são assuntos? (O fato de ele não ter nada a dizer sobre eles prova que não são assuntos, mais do que o fato de ele, como um ser humano, estar ausente deles. Ele está presente como uma pessoa que observou que *Em todos os pontos da natureza há algo a ser visto*. E assim: *Minha obra tem possibilidades similares para o mutável foco do olho*.) Estruturas, não assuntos — ainda que só para nos fazer parar o suficiente, em nossa obstinada passagem pela história, para compreender que a Pop Art, se omitida a sua obra, representa um mal-entendido, e, se concebida como o passo seguinte a Johns, representa um beco sem saída. Ele está engajado na antiga, interminável e mutável tarefa: a imitação da natureza no seu modo de operação. As estruturas que ele usa dão as datas e locais (alguns menos confinados histórica e geograficamente do que os outros). Elas são a assinatura do anonimato. Quando lida com a natureza operativa, ele o faz sem estrutura e introduz às vezes signos de humanidade para nos anunciar que nós, não os pássaros, por exemplo, somos parte do diálogo. Isto é, alguém deve ter dito Sim (*Não*), mas já que agora não estamos informados, respondemos afirmativamente à pintura. Finalmente, sem nada para captar em si mesma, a obra vira temperatura, uma atmosfera antes pesada do que leve (algo que ele sabe e lamenta); vibrando junto com ela, caminhamos para o nosso lugar final: zero, desinteresse neutro.

Não lhe passa pela cabeça que ele vive só no mundo. De fato, existem todos os outros. Eu o vi entrando numa sala, cabeça erguida, a passos largos, decidido, uma presença extraordinária, imprópria à circunstância: um compromisso habitual para jantar num restaurante de sobreloja. Havia mesas e cadeiras, sem muito espaço, e, embora ele parecesse estar em algum outro lugar, num espaço totalmente livre de obstruções, não tropeçou em nada. Posteriormente, passou pela mesa em que eu estava sentado e me reconheceu imediatamente. Ele estava trabalhando outra vez. Tinha encontrado um mapa impresso dos Estados Unidos que só mostrava as fronteiras entre os estados. (Não era topográfico, nem mostrava rios e estradas.) Fez sobre o mapa um desenho geométrico, a régua, que copiou, ampliado, numa tela. Feito isso, copiou a mão livre o mapa impresso, preservando cuidadosamente suas proporções. Então, numa mudança de andamento, começou a pintar rapidamente, como se fosse tudo de uma vez, usando o mesmo pincel em pontos diferentes, trocando de pincéis e cores, trabalhando em todos os pontos ao mesmo tempo, em vez de começar num ponto, completá-lo e partir pra outro. Parecia que ele estava invadindo a tela inteira, sem completar nada, e, depois de fazê-lo, voltava sempre, sempre, incompletamente. E assim por diante. De vez em quando, usando estênceis, punha o nome de um estado ou sua abreviatura, mas este ato não representava de forma alguma um acabamento, pois à medida que continuava trabalhando, frequentemente tinha de fazer novamente o que já tinha feito. Algo tinha acontecido, o que equivale a dizer que algo não tinha acontecido. E isso precisava de repetições, Colorado, Colorado, Colorado, que não eram sempre iguais, cores diferentes em lugares diferentes. Perguntei-lhe em quantos processos ele estava envolvido. Concentrou-se para responder e, falando sinceramente, disse: É tudo um único processo.

Conversando numa sala em que havia pinturas e esculturas, e sabendo, como sabe, que há uma diferença entre ambas, subitamente riu, pois ouviu o que tinha acabado de dizer (eu não sou um escultor). Eu me senti subitamente perdido, e ele, então, falando-me como se eu fosse um jurado, disse: Mas eu sou um escultor, não sou? Com esta observação eu me reencontrei, mas me achei numa floresta impenetrável. Há, evidentemente, mais do que uma pessoa nele. (A) depois de pintar um quadro, dá-lhe o nome de *Bandeira*. (B) tendo feito uma escultura, dá-lhe o título de *Bronze pintado*. (A) referindo-se ao trabalho de (B), diz cerveja quando, para ser preciso, deveria dizer cerveja inglesa. (C) não está preocupado com estrutura nem com escultura (*Jubileu*). (D) *(Pintura com duas bolas) está preocupado com ambas. (E) tem um plano: Fazer um objeto que, à medida que se modifica ou desintegra (morre, por assim dizer) ou aumenta em suas partes (cresce), não demonstra nenhum indício de como era seu estado, forma ou natureza em nenhum estágio anterior. Obstinação física e metafísica. Esse poderia ser um objeto útil?* (F) inclinado à experimentação, entre outras maneiras de aplicar a pintura, pôs-se de cabeça pra baixo pra pintar *Pele.* (G) vê os objetos em interpenetração poética (*Casa de loucos*). (H) mantém suficiente distância para ver panoramicamente (*Mergulhador*). (I) registra a história [*Fazer o sapato de Shirl Hendryx em escultometal com um espelho na ponta — para espiar as roupas das meninas. Nos dias de colégio.* (*Não há possibilidade de fazer isso antes de 1955.*)] (J) está preocupado com a linguagem. (K) e, sacramentalmente, com a cultura (*Tennyson*). (L) faz planos que não serão levados avante. (M) pergunta: *Um rosto de borracha pode ser espichado de tal forma que algum espelho o reorganize em sua proporção normal?* (N) é um filósofo: um "_____" é diferente de um "_____". (O) estuda a árvore genealógica. (P) Não está interessado no trabalho, mas só em jogar. (Q) encoraja-se a si mesmo e aos outros *a fazer mais em lugar de menos*. (R) destrói as obras que termina e é a causa de todas as outras. (S) fez *O crítico vê.* (T) ¶Tanto Johns como nós, temos outras coisas a fazer (e em várias direções), mas o fato de ele deixar que sua obra tenha por estrutura a bandeira americana nos mantém conscientes dessa bandeira, não importa o que mais tenhamos na cabeça. Como é que a bandeira se ajusta conosco, nós, que não damos a menor pelota a Betsy Ross,[8] que nunca pensamos em chá como motivo pra festas? (Se se fala de patriotismo, ele é hoje global: nossos jornais estão voltados para a internacionalidade.) A bandeira não é mais do que *The Stars and Stripes Forever* [As estrelas e as listras para sempre]. As estrelas estão colocadas no canto superior esquerdo do campo de listras. Mas mesmo que a coisa toda esteja fora de centro, ela dá a mesma impressão que a simetria dá, a de que nada está no lugar errado. A bandeira é um paradoxo à ampla luz do dia: prova de que assimetria é simetria. O fato de essa informação ter sido dada, por assim dizer, antes que a obra tivesse sido começada, é um sinal, se a gente precisasse de um sinal, de generosidade que, infelizmente, ultrapassa o entendimento. Espiando seus próprios pensamentos, ele os vê na sala em que ele está. O relógio não mostra sempre a mesma hora. A mesa da sala de jantar, na sala de jantar, mostra. *Não somos idiotas*. Assim como, quando atendemos ao telefone, ouvimos uma voz inesperada, mas frequentemente reconhecível, uma mesa também devia falar, se não nos surpreendendo, ao menos provocando uma variedade de respostas. Comer é só uma delas. A mesa da sala de jantar não o fará. Ela é desarmada, armazenada, depois enviada para o sul. É trazida uma outra, emprestada, mas que tenha uma história de usos vários. O fato de que ela seja redonda é problema dela. Podia ser quadrada ou retangular. Sua superfície, contudo, estimula a tendência de se fazer alguma coisa, neste caso, um processo de descorar e colorir. E as cadeiras em volta dela: a remoção do verniz e a aplicação de pintura. O resultado não tem nada de especial. É como se tivesse tentado algo que funcionou: ter várias utilidades, não focalizando a atenção, mas deixando a atenção se focalizar.

Ele não se lembra de ter nascido. Suas lembranças mais antigas são as da vida com seus avós em Allendale, Carolina do Sul. Mais tarde, na mesma cidade, viveu com uma tia e um tio que tinham um casal de gêmeos. Depois voltou a morar com seus avós. Depois do terceiro ano primário foi para Colúmbia, que parecia uma grande cidade, viver com sua mãe e seu padrasto. Um ano mais tarde, terminado o primário, foi para uma comunidade num lago chamado The Corner, para ficar com sua tia Gladys. Ele imaginava que fosse só para o verão, mas ficou lá seis anos, estudando com sua tia, que lecionava para todos os anos numa única sala de uma escola chamada Climax. No ano seguinte, terminou o secundário, vivendo em Sumter com sua mãe e seu padrasto, duas meias-irmãs e um meio-irmão. Fez duas visitas nesse período, uma ao seu pai, outra à sua mãe. Deixando o colégio, veio para Nova York, estudando numa escola de arte por pouco mais de seis meses. Tendo requerido uma bolsa de estudos, foi chamado a um escritório onde lhe explicaram que teria a bolsa, mas só devido às circunstâncias, já que seu trabalho não a merecia. Ele replicou que, se seu trabalho não a merecia, não a aceitaria. Mais tarde, trabalhando numa livraria na Rua 57, foi ver uma exposição na Stable Gallery. Vendo-o, Leo Steinberg perguntou-lhe se ele era Michael Goldberg. Ele disse: Eu sou Jasper Johns. Steinberg disse: É estranho; você me parece tão familiar. Johns disse: Uma vez lhe vendi um livro. Não liga muito para as roupas. Ao contrário, sua influência, em momentos raros e inesperados, se estende às roupas, transformando sua aparência. Nenhuma máscara se ajusta ao seu rosto. Elegância. ¶ Foi à cozinha e depois disse que o almoço estava pronto. Arroz-silvestre com Boleti. Pato num molho de creme com Chanterelles. Salada. Bolo de avelã com café.

Os termostatos estão fixados aos radiadores, mas estão ligados ineficazmente a dois fios descascados. O Jaguar, consertado e pronto pra andar, permanece, numa garagem, em desuso. Está lá desde outubro. Um eletricista veio colocar os termostatos, mas foi embora antes que o trabalho estivesse terminado e nunca voltou. O prontuário para o registro do carro não foi encontrado. Está em algum lugar entre os papéis soltos e espalhados. Para viagens extraordinárias, aluga-se um carro. Se fica muito quente, abre-se uma janela. A geladeira está cheia de livros. O banheiro do quarto de hóspedes está cheio de móveis. Há um mistério, todo mundo sabe que há, mas esses não são os indícios. *O relacionamento entre o objeto e o evento. Podem eles 2 ser separados? Um é um detalhe do outro? Qual é a junção? O ar?*

A situação tem de ser Sim-e-Não, não Um-ou-Outro. *Evitar uma situação polar*. Um alvo não é um paradoxo. Portanto: quando ele o pintou, não usou uma tela circular. ¶ Que felicidade estar vivo ao mesmo tempo que ele! Podia ter sido diferente. ¶ Conversa-se, toque o telefone ou não, esteja ele sozinho na sala ou não. (*Começo a acreditar que pintura é linguagem, ...*) Desde que ele faça alguma coisa, ela não apenas existe: ela replica, solicitando dele uma outra ação. *Se a gente se delicia com essa espécie de processo de mutação, a gente caminha para novos reconhecimentos (?), nomes, imagens*. O fim não está nos projetos; o método (a maneira como uma pincelada segue outra) é discursivo. Pausas. Não para, meditando, chegar a uma conclusão. (Ficar com ele é surpreendente: eu sei perfeitamente bem que se eu dissesse que ia embora, ele não faria nenhuma objeção, assim como não o faria se eu dissesse que ia ficar.) Uma pintura não é o registro do que foi dito e das respectivas réplicas, mas a presença cerrada e súbita de um corpo nu, auto-obscurecedor, de história. Todo o tempo foi colocado em um espaço (estruturado?). Ele é capaz de restaurar uma pintura quando ela está estragada. Anseia mesmo por isso. Uma modificação na pintura ou mesmo o fato de alguém observá-la reabre a conversação. A conversação prossegue fiel ao tempo, não às observações que ocorreram antes nela. Uma vez, quando eu o visitava, ele estava trabalhando numa pintura chamada *Highway* [Rodovia]. Depois de olhá-la, observei que ele tinha colocado a palavra bem no meio. Quando saí, ele pintou em cima, de modo que a palavra mesmo presente não é legível. Eu tinha esquecido que isso acontecera. Ele, não. ¶ *Três ideias acadêmicas, que foram de interesse para mim: o que um professor meu (falando de Cézanne e do cubismo) chamava "ponto de vista rotativo" (Larry Rivers recentemente apontou para um retângulo negro, distante uns dois ou três pés de onde ele estivera olhando uma pintura, e disse: "... parece que está acontecendo alguma coisa lá também."); a sugestão de Marcel Duchamp "de atingir a impossibilidade de ter memória visual suficiente para transferir de um objeto semelhante a outro a impresão da memória; e a ideia de Leonardo ... de que a fronteira de um corpo não faz parte nem do corpo propriamente dito nem da atmosfera circundante.* ¶ Um alvo precisa de alguma coisa mais. Qualquer coisa, em verdade, serve para ser seu oposto. Mesmo o espaço no quadrado em que ele está centralizado. Essa área indivisa, aparentemente desprezada, produz milagrosamente uma estrutura assimétrica dupla. Superfícies.

Faça isso e tire um molde. (Pintura com régua e crayon.) Esculpa uma bandeira dobrada e um banco. Faça um alvo em bronze de modo que os círculos possam ser girados em qualquer relação. Todos os números de zero a nove. 0 a 9. Descasque a pintura antes de amarrá-la com uma corda (Pintura com uma corda). Não Combine os 4 Desaparecimentos. De A a Z. Ele não fazia isso porque parecia uma joia. (As letras individuais desaparecem num objeto único.) Talvez haja uma solução. *Se move. Moveu-se. Foi movido. Pode, irá, precisa se mover. Tem sido movido. Será movido (não pode ter sido isso).*

Ele vive no mesmo terror e na mesma confusão do que nós? *O ar tem de entrar e sair — sem tristeza, só desastre.* Eu me lembro que eles tinham um prazo máximo para erguer um "display", não em janelas numa rua, mas num andar de um edifício, para uma companhia envolvida em promoção e vendas. Precisando de algum material impresso, deram-me a empreitada. Lutando com penas e tinta nanquim, sem nenhum sucesso, acabei ficando histérico. Johns mostrou-se à altura da situação. Embora tivesse muito o que fazer, foi a uma loja, achou um dispositivo mecânico para facilitar a escrita de letras, usando-o com êxito, fez todas as outras coisas necessárias ao trabalho e ainda por cima me devolveu a dignidade pessoal. Onde eu a tinha colocado? Onde ele a achou? O fato de a sua obra ser maravilhosa é só um dos seus aspectos. É como se não fosse inerente à sua obra o fato de ser sedutora. Nós nos escondemos olhando em outra direção, com medo de nos tornarmos ciumentos, fechando os olhos com medo de que nossas paredes pareçam estar vazias. Malandragem.

Foco. Inclua o olhar da gente. Inclua a visão da gente. Inclua o uso da gente. A coisa e seu uso e sua ação. Como a coisa é, foi, deve ser (cada um como um único tempo de verbo, tudo como um). A = B. A é B. A representa B (faça o que eu faço, faça o que eu digo).

A demanda de suas obras excede a oferta. A informação de que ele esticou uma tela, isto é, se ainda não foi encomendada, já produz uma aquisição. Ele concebe e executa um plano exclusivo: os porta-fólios de litografias. Duas carreiras de números, 0 1 2 3 4 em cima, 5 6 7 8 9 embaixo, as duas carreiras formando um retângulo com dez partes iguais; centrado, abaixo disso e separado por um espaço, está um número de tamanho maior, mas numa área menor. (Os dois retângulos não são iguais: juntos, produzem assimetria.) Havendo dez números diferentes, e como cada litografia diferente exibe só um deles no retângulo inferior, há dez diferentes litografias em cada porta-fólio, um para cada número. É uma edição de trinta jogos: um terço em cores diferentes sobre branco, dez em preto sobre branco-cinza, o resto em cinza sobre linho natural. (Todos os papéis têm a assinatura do artista como marca-d'água.) O processo de trabalho empregava dois mármores: um grande, sobre o qual aparecem as duas estruturas, e um menor, só com o retângulo inferior. À medida que o trabalho prosseguia, devido em parte às coisas que aconteciam fora do seu controle e em parte às suas próprias ações, os mármores passavam por uma metamorfose gráfica mostrando tanto mudanças sutis como totais. O mármore menor, por causa de sua cor e seu valor (às vezes minimamente diferenciados da cor e do valor do maior), só aparece em uma única litografia de um dado porta-fólio, justamente naquela litografia que tem o número grande correspondente ao número daquele porta-fólio. Além desses três jogos de dez, existem três porta-fólios *hors de commerce*. Somente estes mostram a obra total, mas cada um deles é único, impresso com as diferentes tintas nos diferentes papéis. O mundo em que ele nos introduz? Um mundo em que mais uma vez temos de ir a um lugar particular a fim de ver aquilo que só lá se pode ver. A estrutura superior é tão imutável quanto as treze listras da nossa bandeira. A estrutura inferior muda com cada número, assim como o número de estrelas muda com cada mudança da história. (O paradoxo não é só no espaço, mas no tempo: espaço-tempo.) Assim foram arranjados os alfabetos num livro. Ele derivou deles o seu próprio e semelhante arranjo de números. *A competição como definição de uma espécie de enfoque. Competição(?) para espécies diferentes de enfoque. Que prêmio? Preço? Valor? Quantidade?* Dados o título e a data de uma de suas obras, às vezes ele só consegue se lembrar dela vagamente, outras vezes não lembra absolutamente nada. ¶ Ele é um crítico. Recusa o saldo dos outros a uma conclusão, por mais inspirado que seja, se esse salto revela que o que devia ter sido feito não foi. Ele se embaraça com uma obra que não consegue fazer distinções claras (p. ex., entre pintura e escultura). Encolhendo os ombros, sorri. Severamente decidido, ele faz *O crítico vê*. ¶ Quanto mais furacões, melhor: sua casa está segurada. Compacto, opaco, muitas vezes altamente colorido, criptocristalino... Ele é Outro para quem ter nascido é um cativeiro. Aceita a restrição só como um animal selvagem pode fazê-lo. Encarado, é arrogante por necessidade.

O carvão *0 a 9* começava com um espaço indiviso. Mas não era o começo. Era uma análise de uma pintura em progresso que usava números superpostos como estrutura. Não era a obra em que estava trabalhando.

História da arte: uma obra que não tem um centro de interesse faz o mesmo que uma obra simétrica faz. Demonstração: o que antigamente requeria dois artistas, Johns faz sozinho e no mesmo tempo. ¶ Fui de carro pro seu estúdio no centro. Ele estava sentado, olhando uma pintura inacabada (é uma das formas como ele trabalha): cores em profusão; as palavras vermelho, amarelo e azul, recortadas em madeira, emoldurando verticalmente as bordas de duas telas esticadas separadamente, a impressão espelhada das letras, legível em ambas; uma letra, não de madeira mas de neon; as de madeira, com ímãs que permitem a fixação e a modificação da posição de objetos — uma lata de cerveja, outra de café, pincéis, uma faca — garfo e colher, não —, uma corrente, um rodinho e um canudo tirado de um soldador. No dia seguinte, na cidade, ele estava trabalhando nos números cinza, aqueles de escultometal. *(Superar este módulo com virtuosismo visual. Ou o pé de Merce? [Uma outra espécie de régua.] Cores e imagens estranhas.)* E no mesmo dia, laboriosamente, no sapato com espelho na ponta. A gente fica pensando, se as árvores de "*chinaberry*" significavam pra nós o mesmo que pra ele (também as parasitas espanholas, e a praia e os baixios junto dela que o fazem pensar que a Terra é redonda, os negros, a floresta e os pântanos cheios de borrachudos que limitam os cemitérios e pleigraundes, as igrejas, as escolas, sua própria casa, tudo sobre pilotis contra prováveis inundações, azaleias e oleandros, palmeiras e mosquitos, o advento de um pássaro imigrado no carvalho, fora do pórtico acortinado, o carvalho com um balanço de assento de pneu de automóvel, o balanço que precisa de conserto (as cordas estão puídas), os dentes de tubarão, os carrapichos na areia a caminho da praia, as conchas viradas pra esquerda e pra direita, e cereais para o desjejum) — bem, a gente fica só pensando.

Ele me disse que estavam se repetindo, que ele os tivera alguns anos antes, sonhos em que as coisas que ele via e que aconteciam eram indistinguíveis das coisas cotidianas. Eu devo ter mudado de assunto, porque ele não me disse mais nada. Quando contei isso a ela, ela me falou o que ele dissera: que um dia, entrando no metrô, observara um homem vendendo lápis a duas mulheres — um homem que tivera as pernas cortadas, movendo-se por meio de uma plataforma com rodas. Naquela noite, Johns era aquele homem, projetando um sistema com cordas e roldanas com o qual se alçar pra poder pintar as partes superiores da tela que, sem isso, estariam fora do seu alcance. Ele também pensou em mudar a posição da tela, estirando-a no chão. Mas surgiu uma questão: Como poderia se locomover sem deixar as marcas das rodas na pintura? As latas de cerveja, *Lanterna*, as latas de café com pincéis: esses e outros objetos não eram encontrados, mas feitos. Eram vistos sob outra luz do que a luz do dia. A gente já não pensa em suas obras quando vê em volta os objetos semelhantes aos que se supõe que essas obras representam. Esses bronzes, evidentemente, estão aqui à guisa de obras de arte, mas, à medida que olhamos para eles, ficamos fora de nós, transformados em relação à existência.

Todas as flores o deleitam. Ele acha mais pertinente que uma planta, depois de ficar verde, desenvolva um talo e, na ponta, desabroche em cor, do que ele ter de preferir umas às outras. Dá a maior importância a plantar uma planta, se ela está fora da terra. Presenteado com bulbos do sul, impaciente por vê-los florescer, urdiu um plano para a sucessão acelerada de estações: colocá-los para resfriar no terraço e depois aquecê-los num forno. Todavia, não deixa que as flores morram no jardim. Elas são cortadas, e todas as variedades que estão florescendo são reunidas em um bárbaro e único arranjo, quer sejam tiradas do jardim, da beira da estrada, quer dos floristas: uma destas, duas daquelas etc. (Não se deixem enganar: o fato de ser ele um jardineiro não o exclui da caça; ele me disse ter encontrado a Lactarius azul nos bosques em Edisto.) Além de fazer pinturas que têm estruturas, fez outras que não têm nenhuma (p. ex., *Jubileu*). Eu quero dizer que se duas pessoas tivessem de dizer qual a divisão em partes daquele retângulo, diriam duas coisas diferentes. As palavras que designam cores e o fato de que uma palavra não é apropriadamente colorida ("Você é o único pintor que eu conheço que não distingue uma cor da outra") exercitam nossas faculdades, mas não dividem a superfície em partes. Em outras palavras, a gente vê um mapa cujas fronteiras foram obscurecidas (de fato, não havia nenhum mapa); ou poderíamos dizer que a gente vê o campo abaixo da bandeira: a bandeira, que antes estava em cima, foi removida. Estupidamente, pensamos em expressionismo abstrato. Mas aqui estamos livres da luta, do gesto e da imagem pessoal. Olhar de perto ajuda, embora a tinta esteja aplicada tão sensualmente que a gente corre o risco de se apaixonar. ¶ A gente modera cada espiada com um virtuoso grau de cegueira. A gente não sabe onde está, nem jamais saberá, sem dúvida. É como se, tendo chegado à conclusão de que dormir é algo que se deve fazer, ele nos dissesse que também nós temos de ficar acordados, mas, antes de acabar de falar, ele nos deixa pra poder ir dormir. ("A gente se imagina numa corda bamba, só pra descobrir que está seguro no chão. A cautela é desnecessária!" Entretanto, a gente treme mais violentamente do que quando pensava que estava em perigo.) Quando ele voltou do Sul para Nova York, ela lhe perguntou como tinha sido. Ele disse: estava quente. Não havia mosquitos. Podia-se até ficar na sacada. (Eu senti falta dos pontos de cruz na área acima do canto esquerdo inferior. Estranho; porque era isso que eu estava pensando: as pinturas *0 a 9,* que estão cobertas de pontos de cruz.) Vendo a janela sobre a pia, ele disse: É isso que eu quero, uma janela sobre o exaustor pra que eu possa olhar para o terraço. Ela disse: Você precisa é de uma porta, pra não precisar ir até a frente da casa e dar toda a volta pra sair lá fora. Mas, disse ele, eu não quero sair, só quero olhar lá fora. E depois perguntou (imaginando, talvez, que pudesse aprender a fazer alguma coisa com ela): Você costuma sair? Ela admitiu que não. Eles riram. Ela indicou a planta sobre o batente, cheia de pimentas do ano anterior e de botões, mas não dando sinais de pimentas novas. Ele disse: Talvez tenham de ser polinizadas. E de repente ele se transformou em botânico, pulverizando e repulverizando as flores com kleenex.

Veja, por exemplo, *Pele I, II, III, IV*. Que diferença enorme existe entre estas e tudo que suas obras, anteriores ou posteriores, nos podiam levar a esperar. Enquanto sua generosidade permanece inabalável, a gente desperdiça o fôlego que nos resta murmurando sobre a inescrutabilidade. Se ele tivesse sido egoísta e personalista, teria sido fácil para qualquer um dizer muito obrigado.

Mesmo que você pense que, naqueles bosques de Edisto, não vai pegar alguns carrapatos, provavelmente pega. A melhor coisa a fazer, é voltar pra casa para tirar a roupa, sacudindo-a cuidadosamente na banheira. Depois, fazer um meticuloso autoexame, se preciso com um espelho. Seria aborrecido, também, ficar fora dos bosques simplesmente porque há carrapatos. Pense nos cogumelos (entre eles o de César!) que se perderiam. Removidos os carrapatos, roupas frescas, algo pra beber, algo pra comer, você revive. Pode-se de vez em quando jogar jogos de palavras e, agora, xadrez, e há sempre a chance de ver TV. *Um homem morto. Pegue um crânio. Cubra-o de tinta. Esfregue-o contra uma tela. Crânio contra tela.*

Temos a impressão de que não estamos aprendendo nada, mas à medida que os anos passam, descobrimos mais e mais cogumelos e vemos que os nomes que os acompanham começam a cutucar nossas cabeças. Além de tudo, ainda estamos vivos. Mas precisamos ter cautela. Guy Nearing às vezes diz que os "experts" em cogumelos morrem envenenados por cogumelos. Donald Malcomb acha que os perigos da caça aos leões são, em larga escala, imaginários, os da caça aos cogumelos perfeitamente reais.

Um dia, telefonei a Miró. Ele estava num hotel em Nova York em vias de partir para a Europa. Nossa conversa foi em francês, e eu nunca o tinha encontrado. Pedi-lhe para fazer a doação de uma pintura para a Fundação de Dança Cunningham, explicando que essa doação tornaria possível uma turnê europeia dos dançarinos. (Eu sabia que Miró tinha visto as apresentações de 1964 de Cunningham e sua companhia no Théâtre de l'Est Parisien, e tinha se entusiasmado.) Miró pediu que lhe escrevesse uma carta. Eu escrevi. Ele respondeu generosamente, não só prometendo a doação, mas propondo apresentações na Espanha, para as quais ele faria um pôster. Em correspondência com Jacques Dupin, poeta e autor de um livro sobre a obra de Miró, foi desenvolvido um projeto para uma publicação a ser feita pela Fondation Maeght, em Paris. Incluiria gravuras de Miró, minhas *Variations VI* em todos os seus estágios, um texto escrito por mim depois do nosso encontro (que ocorreu no começo de agosto de 1966 em Saint-Paul-de-Vence) e as gravuras de Miró posteriores à leitura dos meus manuscritos. Eu temia que ele não gostasse do meu trabalho, mas felizmente esse não foi o caso. Ele o achou interessante e propôs usar as notações (que são em plástico transparente e podem estar em qualquer relacionamento) para fazer delas seu próprio arranjo. Antes de sentar para escrever, li o livro de Miró *Je travaille comme un jardinier*. Li também uma série de textos sobre ele. Sua obra, naturalmente, como é o caso de muitos artistas vivos hoje, é familiar a ponto de constituir uma parte daquilo que a gente é. Decidi ter o cuidado de evitar falar do que os outros falam sempre: sua relação com a terra. Recorri a operações *I Ching*, determinando com elas que meu texto contivesse oito proposições, as quais teriam, em ordem, vinte e nove, sessenta e duas, quarenta, sete, trinta e cinco, vinte e três, quarenta e sete e cinquenta e oito palavras.[9] Sugeri então que, como a relação de Miró com a terra não estava sendo mencionada, minhas proposições fossem superpostas a mapas dos lugares em que Miró vivera e trabalhara. Essa sugestão foi aceita, mas não foi seguida na presente impressão. Escrevi o texto em setembro de 1966, quando visitava os Duchamp em Cadaqués.

MIRÓ NA TERCEIRA PESSOA: 8 PROPOSIÇÕES

As palavras em itálico são dos escritos de Miró;
as citações são observações feitas por ele em conversa.

Então eles disseram: Vamos te matar. Já tinham passado a corda em volta do seu pescoço. Que fazer em seguida senão se apavorar? (Perdoá-los? As pessoas realmente querem dizer o que dizem, fazer o que fazem.)

Expressando em uma palavra aquilo sobre o que sempre vinha insistindo, ele disse: Anima. Uns dias depois, quando eu lhe repeti a palavra, ficou intrigado; pareceu não entender o que eu estava dizendo. Contei isso a Duchamp. Duchamp foi enfático: Miró não fala latim; ele deve ter dito (sem pronunciar o g): Un image.

Este é o caminho: olhando em direção ao mar, onde está a ilha dele. "Eu faço isso com todo o meu coração." Caminho do quê? Catalunha. Ele se torna um jogador de xadrez árabe. (Visitando outra pessoa, a gente o visita. Mapas. Piada a Quatro do Rei.)[10]

Espaço. Mesmo perto, há distância.

Vai pro Polo Norte? Então leve Miró consigo. “Parece-me que o conheço desde que nasci.” A guerra. Pinturas desconhecidas. Uma noite transcorrida em gargalhadas: omelete que caiu no chão.

Os signos estão completos (prontos para se tornarem uma coisa diferente do que são). Fogo. Não vemos mudanças, não sabendo ainda esquecer.

"Você abre portas." Estou certo de que ele sabe que elas são automáticas, fechando-se depois que a gente passa. Um jardineiro, ele é também um caçador, mesmo quando dorme: a terra remexida é receptiva a tudo que existe no ar: disseram-me que ele queria saber, ver o que estava acontecendo.

Pra ligar o amplificador, eu viro a esquina. Ele está olhando um Giacometti. Sozinho, não (está) sozinho. Conchas que têm a clave de fá me fazem lembrar de música. Balé. O que será? *Eu sou o primeiro a ficar surpreso. As coisas mais simples me dão ideias.* Cegueira anônima: quatro de nós jogando xadrez; três estavam cometendo enganos.

Doris Dennison nascera Doris Suckling [Doris Cria]. Foi por isso que trocou de nome. Seu meio-irmão Peter, ao contrário, pegou o nome que ela rejeitou. Peter Suckling nascera Peter Perfect [Pedro Perfeito].

• • •

Uma vez tive um emprego de lavador de pratos no Salão de Chá Pássaro Azul, em Carmel, Califórnia. Trabalhava doze horas por dia na cozinha. Eu lavava todos os pratos, travessas e panelas, esfregava o chão, lavava as verduras, maços de espinafre, por exemplo; e se a proprietária chegasse e me encontrasse descansando, me mandava pro fundo do quintal rachar lenha. Ela me pagava um dólar por dia. Um dia, soube que um famoso concertista de piano vinha à cidade dar um recital e decidi terminar meu trabalho o mais depressa possível, para assistir ao concerto sem perder muito. Assim fiz. Por acaso, meu lugar era junto ao da tal senhora que era dona do Salão de Chá Pássaro Azul, minha patroa. Eu disse: "Boa noite." Ela olhou pro outro lado, cochichou com sua filha. Levantaram-se e deixaram o teatro.

• • •

Uma mulher visitava o Museu de Arte de Seattle com seu filho. Várias salas eram dedicadas à obra de Morris Graves. Quando eles chegaram a uma sala em que todos os quadros eram negros, a mãe, tapando os olhos do filho, disse: "Vem, querido, mamãe não quer que você veja essas coisas."

Entre as cartas que eu não jogo fora, quando avanço para minhas cartas com a intenção de jogar fora tantas quanto possível, estão aquelas que me enviou Nam June Paik. Encontramo-nos em Darmstadt em 1958. A maioria de suas cartas é autossuficiente. Não carecem de resposta. Entretanto, um dia Paik escreveu para dizer que a Galeria Bonino em Nova York ia apresentar, como sua Exposição nº 16 (23 de novembro a 11 de dezembro de 1965), sua arte eletrônica, e ia me pedir que eu escrevesse um texto para o catálogo, acrescentando: "Seu texto será tão atraente quanto , , , , , , , , , , , digamos, , , , , , , , , 'o apoio de Jacqueline Kennedy ao Prefeito Lindsay', , , , , , , , , ." Achei esse pensamento algo desconcertante, mas apropriado. Pouco depois, eu estava ao telefone dizendo a Paik (cuja obra, conversa, apresentações, atos cotidianos nunca deixaram de me divertir, deliciar, chocar, e às vezes aterrorizar) que eu faria o que ele queria. Escrevi o texto que se segue. Foi impresso pela Galeria Bonino, juntamente com fotos do *Robot-K456*, de Paik, e suas alterações eletrônicas de imagens de televisão. Estavam incluídas também uma nota biográfica, a documentação de suas apresentações e exposições, e uma lista de suas publicações.

NAM JUNE PAIK: UM DIÁRIO

As passagens em itálico são citações de
Nam June Paik, encontradas em
suas cartas e textos impressos.

I. O que é essa coisa chamada Arte? TV? (Tudo junto, não importa quando/onde a gente esteja?) Em videogravador, Paik grava o Papa — *validade ou raison d'être para a sociedade* — fazendo acontecer um fato eletrônico. O filme. Coreano, nós nos colocamos facilmente no seu lugar, composto, como você é, de nervosidade e consciência. Se não fôssemos culpados, por que ergueríamos nossas antenas? (Precisávamos experienciar inequivocamente o que praticáramos, recusando.) Estamos grudados nela? Nein. A questão é saber se funciona. Não é um jogo: nos desperta dos túmulos em que estamos (manchas de luz e som no ar que respiramos). II. Cinco anos de garantia de sua TV, Paik? É isso que você quer? E já que é arte, que arte é? Mude de mente ou de receptor (seu receptor é sua mente). Aprecie os comerciais, isto é, enquanto ainda os tiver. Aldeia global: eles não vieram pra ficar. Eu respondi que as coisas são engraçadas, embora eu não tivesse a intenção de fazê-las assim. Mais ou menos um ano depois, ele deixou a sala. A plateia, aterrorizada, não arredou pé. Ninguém falou. O telefone tocou. "Era Paik, pra dizer que o espetáculo tinha acabado." Quando contei a Paik: (não diga Peek, Poke ou Puke) e Kosugi sobre os índios Cree do Saskatchewan central, Paik perguntou: Eles são iguais a nós? Seus sapatos saíram dos meus pés, mas, pouco depois, espiando pra baixo, observei que estavam no lugar outra vez. Sua preocupação com sexo, violência, humor, crítica (*é cômico ou pecado dizer que fui o primeiro a atirar um ovo — etc. . .*): mas a merda do Robô é branca, com formas que sugerem vitaminas, desodorantes e cagalhotos de veado; o pênis é a sombra de um dedo; a vagina, a sombra de uma baleia. IV. *Música Perigosa nº 1, para Dick Higgins: Penetre na VAGINA de uma BALEIA viva!* Em outras palavras, como observou Higgins (*Posfácio*, p. 61), não há perigo. De qualquer forma, ficamos preocupados. Arte e TV já não são coisas diferentes. São igualmente entediantes. A geometria de uma desvitalizou a outra (*descubra que espécie de maus hábitos você tem*); o campo vibrátil da TV despedaçou nossas artes. Inútil juntar os pedaços. Entenda: *algum dia os artistas trabalharão com capacitores, resistências & semicondutores como eles trabalham hoje com pincéis, violinos e sucatas.* V. A música europeia cometeu um erro crucial: a separação de composição, execução e audição. É como na TV em cores: vermelho, verde, azul. Mas ambas têm de se tornar reais (orientais): o fato da não separação. De outra forma, quando a ligarmos, ela não vai funcionar. Por certo, essencialmente, ela estará continuamente ligada, como de fato já o está invisivelmente, inaudivelmente. Paik está trabalhando nisso (*Eu olho para trás com um sorriso amargo . . . a luta desesperada . . .*). Banheira. "É sempre assim com Paik antes do espetáculo." A aparente impossibilidade de estar pronto para começar. Fios e mais fios. Aparelhos antigos usados não como sucata, mas reconduzidos à vida, não como sua vida primitiva, mas, pobres objetos, de acordo com um novo artifício. Atenciosamente, ele nos pede para sairmos. VI. Como a TV, ele veio pra ficar (embora com uma visão mais larga: *a TV vai dominar 50 anos, e depois . . . . fim . . . .*). *O que virá depois? Em 1970, tocar a sonata ao luar na lua.* Humanidade. Ele é um criminoso que conversa (cf. Duchamp). Tecnologia, arte óptica, música, física, filosofia. Imagem do colapso total. *Pense de novo. Por volta de 1959-60: Minha nova composição agora é de 1 minuto. (Para o Prof. Fortner.) O título será "Rondó Allegro" ou "Allegro Moderato" ou só "Allegretto". Qual é o mais bonito? Eu uso aqui: Projetor em Cores. Filme 2-3 telas. Strip-tease, cachorro "boxer". galinha (viva). menina de 6 anos. piano ligeiro. uma TV. // "arte total", no significado dado pelo sr. R. Wagner.*

Onze compositores que haviam escrito música para dança (dos quais eu era um) foram convidados por Selma Jeanne Cohen, em 1962, para escrever para o 16º número de *Dance Perspectives*, a edição que tomou o nome de *compositor/coreógrafo*. A fim de estimular nossos pensamentos, Miss Cohen nos deu citações de gente conceituada no setor. Eu recebi estas:

> É essencial manter o ouvido sensível, mas também lembrar que a dança é uma arte independente, sujeita às suas próprias leis, que podem conduzir o coreógrafo a movimentos que não estão realmente indicados na partitura . . . a movimentos que estão acima do som, à base de um tempo emocional.
> *Doris Humphrey*
>
> Eu não sou um criador de tempo. Gosto de estar subordinado a ele. Só um músico é um criador de tempo . . . A música primeiro. Eu não poderia me mexer sem música. Eu não poderia me mexer sem uma razão, e a razão é a música. Meus músculos só se movem quando comparece o tempo.
> *George Balanchine*

Segue-se o texto com o qual eu contribuí. Foi publicado em 1963, só com uma parte da proposição de Balanchine. Foram omitidos meu título e as observações de Doris Humphrey. Os espaços que aparecem abaixo entre algumas seções também foram omitidos. Foram introduzidas citações desconhecidas para mim, nas margens, impressas em vermelho. Eram de George Bernard Shaw e Lincoln Kirstein. Gostei da de Kirstein: "Não faz mal nenhum a um compositor conhecer algo sobre dança."

DAQUI, PARA ONDE VAMOS?

A dança é dependente? Ou é independente? Questões que parecem políticas. Elas surgiram numa situação estética. O que deve ser dito? Gente e sons se interpenetram.

Nós pensávamos que os sons ocorriam no tempo. Hoje vemos que são movimentos vibratórios de partículas de ar. Todos, partindo de seus pontos, no espaço, chegam a seus destinos vindos de um único ponto de partida. Os pensamentos sobre o tempo saltam fora como pele morta. A dança ocorre com um pé na cova. "Dance ou atiro", cada vez que sobe a cortina. As leis parecem mesquinhas: elas não sacrificaram as relações e os retornos tangíveis. O que são as Artes? Ofertas que ultrapassam a lei, dentro dos limites da praticabilidade. A praticabilidade está mudando — leia os jornais.[1] Anos atrás, era um problema saber o que chegou primeiro — a música ou a dança. Nós tínhamos tentado a música primeiro, de modo que parecia razoável começar as coisas ao contrário, pondo a dança antes. Mais tarde. quando as cucas foram usadas, ficou evidente que ambas — música e dança — tinham um apoio em comum: o tempo. Essa verdade parcial dificilmente se apresentaria a um coreógrafo, devido, em parte, à multiplicidade de elementos contidos na dança teatral, e devido, também, ao fato de que o pensamento analítico, no campo da dança, estava primacialmente concentrado no problema da notação. A música, por outro lado, era uma arte relativamente simples naquele tempo: uma sucessão de alturas num espaço de tempo medido. Partindo para a complexidade introduzida pelo ruído do século XX, os materiais musicais se tornaram mais numerosos. Não mais só altura e tempo, mas também timbre e amplitude: os quatro elementos básicos. A gente poderia pensar em música com os dedos de uma só mão, sem contar o polegar. Tudo o que a gente tinha de fazer era estabelecer uma estrutura temporal.[2] Nem a música nem a dança estariam na frente: iriam ambas no

1. Quando a gente fala, eles perguntam: o que você está tentando dizer? Informados sobre a meteorologia, todavia, temos ideias sobre o próximo passo a ser dado. São as velhas proposições que nos parecem tão desconcertantes — aquelas que guardamos na memória. Uma história, se nova, pode ser revigorante. Mas, quando tento me lembrar daquela mulher, não penso em histórias. Na verdade, tendo marcado encontro, sentamos juntos na Taverna Carnegie, mas havia uma qualidade distorcida na sua cabeça que fazia tudo parecer ausente. Nada ocorreu semelhante a uma conversa. Eu só suplicava e ela recusava. O outro tinha uma chance, mas não a aproveitou, e, como muitos de nós, coelhos, entra em qualquer sala que vê. O terceiro, que devia ter sido um dos dois — bem, nós tentamos. Espalhamos o boato que ele tinha desistido. Os jovens. Terão de fazer tudo outra vez?

2. Estamos mais pobres do que nunca, porque agora sabemos como gastar o dinheiro. E não só os estúdios de dança e os laboratórios de música, mas também as salas de concerto e os teatros. Renovação não vai funcionar. Temos de partir de zero. Toda a questão do teatro tem de ser reformulada. Uma construção para pessoas e coisas (sons e luzes) que funcione, hoje vai custar muito dinheiro. O resto é jogar dinheiro fora. (A menos, naturalmente, que você seja rico, em virtude de ainda não ter começado. Nesse caso, qualquer lugar serve, e você pode simplesmente usar aqueles que não custam nada. Todavia, eu parei o carro quando o vi vindo da caixa de correio e lhe disse que eu tinha decidido que as coisas tinham de ser eletrônicas mesmo na Índia. Ele concordou.) Além disso — digamos que a gente consiga construir um tal teatro —, que adiantaria se estivesse fixo num lugar, como um antigo monumento?

mesmo barco. As circunstâncias — um tempo, um lugar — as reuniriam. Nós pagamos nossas contas e o Presidente foi eleito. Agora vamos aos negócios. Negócios: tempo-espaçar nossas artes. Essa é uma forma de colocar a questão. Um emprego que nos mantenha em estado de ignorar as respostas. As estruturas-tempo que fizemos estão liquidadas: a sua necessidade desaparece, de forma que os termos estéticos sumiram totalmente de nossa linguagem. Equilíbrio, harmonia, contraponto, forma. (Quando lhe disseram que a adição de um pouco de púrpura daria a impressão de distância, ele morreu de rir.) Somos semelhantes aos anarquistas de Ohio, na primeira parte do século passado: atarefados demais para falar, ou, se falamos, é só pra passar o tempo. O que conduziu à liquidação das estruturas-tempo? Talvez a introdução do espaço no nosso conceito de tempo? Ao menos a gente sente que, à medida que a música permanece tempo e se torna espaço, seus elementos se multiplicam, e o pensamento analítico não ajuda nada. Os músicos agora precisam de uma forma de trabalho que não mexa com parâmetros: de outra forma, estarão condenados, mesmo com tempo bom, a se trancar dentro de casa. O Senhor sabe que nos instruímos constantemente. Só que a gente deixa de ouvir e esquece de olhar. De cara, eu diria que me lembro, mas se eu começasse a repetir essas palavras, seguramente tropeçaria. Os dedos não usam as mesmas extensões de tempo que as pernas. E a diferença entre dois e dez. É esse o erro do balé americano? Por que caminha rápido demais, caindo sobre as próprias costas? (Seguindo as pegadas de algo que não tem pés?) A instrução está na terra[3] e no ar, tanto para a música como para a dança. Respirando e caminhando e tratando de esvaziar a cabeça o bastante para observar o que há para ver e ouvir no teatro no qual acontece de estarmos vivendo. Não há muito mais a dizer, ou melhor, não há espaço nem tempo onde dizê-lo.

3. Ele escreveu pra dizer entre outras coisas que a Arte devia ser abandonada. Eu não respondi. Mas tenho isto a dizer: eu não creio. A situação em que estamos é única: 1. a explosão de população, conduzindo a muito mais maneiras de dançar e de fazer música; 2. a interpenetração dos povos do mundo; 3. a ciência e a tecnologia. Estas últimas conduzem, como as primeiras, a muito mais maneiras de nos tornarmos imaginação personificada. Acordados, parece que estamos sonhando. Não há nada de não americano nisso, de acordo com um livro que li recentemente. É uma conversa em grande escala, ainda que com ares de solilóquio. Como é que eles conseguem papaguear sobre comunicação sem atentar para o significado do que eles fazem? Tomemos uma melodia acompanhada ou mesmo um contraponto a quatro vozes com uma voz como *hauptstimme* [voz principal]. O que significa? É inacreditável que tantos que fazem o que fazem queiram fazer o que fazem. Não é possível que eles sejam tão pra trás quanto suas ações. O que é que está errado? O Sistema Educacional? O Governo? As cadeias de lojas? Madison Avenue? A Bomba H? Wall Street? Os críticos? As igrejas? Os sindicatos? A Associação Médica Americana? A Televisão?

As circunstâncias em que nos conhecemos (ele estava telefonando) foram estas: um concerto da Filarmônica que incluía uma obra de Webern. Saímos ambos, sem desejar ouvir o que se seguia, apertamos as mãos e nos apresentamos. Mais tarde, examinamos partituras juntos, e trouxemos novos amigos um para o outro. Houve um mal-entendido, mas a música mudou; não só a nossa, mas também a dos outros. O resultado é que, se tivéssemos de nos encontrar outra vez em circunstâncias semelhantes, a música tinha de ser algo diverso de Webern; de outra forma, não nos incomodaríamos de levantar e sair.

Amando *cegamente.* Só isso podia ser uma previsão sobre o que tomar como base. Quanto ao outro, cuidado, como se diz, para não confundir dedo com lua quando você aponta pra ela.

Já não ficamos satisfeitos de inundar o ar com sons vindos de um sistema com endereço conhecido. Insistimos sobre algo mais luminoso e transparente, de forma a que os sons surjam de qualquer ponto no espaço, carregando as surpresas que a gente encontra quando caminha nos bosques ou nas ruas da cidade. Por isso, a música está se tornando uma verdadeira dança e tem, naturalmente, novas notações. Há também a possibilidade, de fato, de não ter simplesmente nenhuma notação. (Esta não é uma referência à improvisação. Como antes, continua sendo uma questão de cumprir obrigações.) O que tomamos por verdade era só uma parte dela, mas a gente podia ter passado a vida inteira embasbacado!

Há um primeiro passo *sine qua non*: Dedicação. Isto é o que significa a técnica da dança. Digamos, disciplina ou autorrenúncia. Há lições que a gente recebe não para rejeitá-las, mas para utilizá-las a fim de introduzir uma ação anárquica. Levantando voo do ninho, as asas de outro pássaro não servem. Quando berramos todos juntos, eles continuam a não nos ouvir, embora estejam por perto.

Em 1952, fui convidado para falar na Juilliard School of Music — não pelo diretor, mas pelos alunos. Estavam fazendo uma série de encontros, aos quais compareciam também alunos de outras escolas de música. Fiz a conferência em quatro partes, aplicando em todas elas processos de colagem e fragmentação de textos que eu já tinha escrito. Havia também algum material novo. Enquanto eu falava, David Tudor tocava algumas peças de piano, composições de Morton Feldman, Christian Wolff e minhas. Usamos cronômetros para coordenar nosso programa. Comecei a primeira parte aos 0'0", a segunda aos 12'10", a terceira aos 24'20", a quarta aos 36'30". O programa de David Tudor foi feito sem que eu conhecesse nada sobre ele previamente. Eu escrevera meu texto em quatro colunas para facilitar uma leitura rítmica e a medição dos silêncios. Eu lia cada linha da página da esquerda para a direita, não de cima pra baixo, seguindo as colunas. Tentei evitar o resultado artificial que poderia decorrer do fato de seguir rigorosamente a posição das palavras na página. Usei as liberdades rítmicas que a gente usa ao falar na vida cotidiana.

Enquanto se dava a conferência, Feldman ficou sentado no palco. Nós dois respondemos às perguntas que nos foram formuladas posteriormente. Quando nenhum de nós conseguia pensar numa resposta a alguma "pergunta" mais inflamada, Henry Cowell, que estava no auditório com sua esposa, Sydney, dava uma palavrinha por nós, pelo que lhe ficávamos muito agradecidos. Mais tarde, quando tentávamos atravessar os corredores pra chegar à sala em que estavam servindo ponche, os alunos, nos rodeando, continuaram com seus argumentos. Cowell estava sempre bem junto de nós.

CONFERÊNCIA NA JUILLIARD

I

Numa conferência sobre Zen-Budismo no inverno passado, o dr. Suzuki disse
: "Antes de estudar Zen, homens são homens e
montanhas são montanhas . Enquanto se estuda Zen
as coisas se tornam confusas : não se sabe ex-
atamente o que é o que e qual é qual .
Depois de estudar Zen, homens são homens e montanhas são montanhas

." Depois da conferência
foi feita a pergunta : "Dr. Suzuki
, qual é a diferença entre homens são homens e
montanhas são montanhas antes de estudar Zen e
homens são homens e montanhas são montanhas depois de estudar Zen
?" Suzuki respondeu :

"A mesma coisa , só um pouco como se você
tivesse os pés um tanto fora do chão."
Agora, antes de estudar
música, homens são homens e sons são sons.

Enquanto se estuda
música as coisas não são claras . Depois de estudar
música homens são homens e sons são sons. Isto é:
No começo, a gente pode ouvir um som e dizer imediatamente
que não é um ser humano ou algo que se deva olhar
; é agudo ou grave —

tem um certo timbre e potência,
dura um certo lapso de tempo e a gente pode ouvi-lo. A gente depois decide
se é agra-dável ou não , e gradativamente desen-
volve uma série de gostos e aversões .
Enquanto se estuda música
as coisas ficam um pouco confusas . Sons já não são
só sons, mas são símbolos: Dó, Ré, Mi, Fá, Sol, Lá,
Si. Sustenidos e bemóis. Dois deles, mesmo separados por quatro
ou mesmo cinco oitavas, têm o mesmo símbolo .

Se um som tiver a desgraça de não ter um símbolo ou
se ele parecer complexo demais, é ejetado do sistema:
é um ruído ou não musical .
Os sons privilegiados que se salvam são arranjados em
modos e escalas ou, hoje, em séries e se inicia um
processo abstrato chamado composição . Isto é, um
compositor usa os sons para expressar uma ideia ou um
sentimento ou uma integração de ambos .
No caso de uma ideia musical , dizem que os
sons em si já não são importantes ;
o que ‘conta’ é a relação entre eles. Na verdade essas relações são geralmente bem simples :
um cânon é como brincar de pegador .
A fuga é um brinquedo mais complicado ; mas pode
ser quebrada por um único som : digamos, de uma sirene de bombeiro
, ou de um apito de um barco que passa .
O máximo que qualquer ideia musical
consegue é mostrar quão inteligente foi o compositor que
a teve ; e o modo mais fácil de descobrir
o que era a ideia musical , é você se colocar num
tal estado de confusão que você passe a pensar que um
som não é algo para se ouvir mas, sim algo para se
olhar . No caso de um
sentimento musical , nova-mente os sons não são importantes , o que conta é a expressão . Mas o
máximo que se pode conseguir com a expressão mu-sical de sentimentos é
mostrar como era e-motivo o compositor que a teve
. Se alguém quiser ter uma ideia de quão emotivo um
compositor demons-trou ser, ele tem de se confundir tão completamente
quanto o compositor o fez e imaginar que sons não são sons
mas são Beethoven e que homens não são homens, mas sons .
Qualquer criança nos dirá : simplesmente esse não é o caso.
Um homem é um homem e um som é um som.
Pra chegar a isso , a gente tem de dar um paradeiro ao estudo da música
. Isto é, a gente tem de eliminar todos os pensamentos que
separam a música da vida . Há todo o

tempo do mundo para estudar música , mas
para viver não há quase tempo nenhum . Porque
viver ocorre a cada instante e esse instante
está sempre mudando. A coisa mais sensata a fazer
é abrir os ouvidos imediatamente e ouvir um som
de repente an-tes que o pensamento tenha a chance de transfor-
má-lo em algo lógico, abstrato, ou simbólico
. Sons são sons e homens são homens,
mas agora nossos pés estão um pouco fora do chão.
Talvez isso torne compreensível uma proposição feita por
Blythe em seu livro *Haiku*. "A mais alta respons-
sabilidade do artista é ocultar a beleza." Agora
, por um momento consideremos quais são as questões importantes
, e qual é essa maior seriedade que o assunto requer
. A questão importante é o que é que é não somente
belo mas também feio, não só bom, mas também mau , não só
verdadeiro, mas tam-bém uma ilusão. Lembro-me agora que Feldman falou de
sombras. Ele disse que os sons não eram sons, mas sombras.
Eles são obviamente sons; é por isso que eles são sombras; tudo que existe
é um eco de nada . A vida continua de modo muito parecido com uma peça de Morton
Feldman. Alguém pode ob-jetar que os sons que aconteceram não
eram interessantes. Deixa falar. Da próxima vez, ele ouve a peça

O nada que continua é aquilo de que Feldman fala
quando ele fala de estar sub-merso no silêncio. A
aceitação da morte é a fonte de toda a vida. Assim é que
ouvindo essa música a gente toma como um tram-polim o primeiro
som que a-parece; o primeiro algo nos lança dentro do nada e
desse nada sur-ge o algo seguinte; etc. como uma corrente alter-
nada. Nenhum som teme o silêncio que o ex-tingue. E
nenhum silêncio existe que não esteja grávido de sons.

Alguém disse outro dia :

Assamos um bolo e fica claro que o açúcar não era açúcar mas sal. Mal começo a trabalhar e o telefone toca .

II

de qualquer outra folha mesmo da mesma árvore .
Se fosse igual a qualquer outra folha, seria uma coincidência de que cada folha estaria li-vre por causa de sua posição ú-nica no espaço. A singularidade , tendo um aspecto particular , está extremamente perto

de estar aqui e agora. E eu imagino que se a música contemporânea continuar mudando no sentido em que eu estou mudando,
o que se fará será libertar cada vez mais completamente
os sons das ideias abstratas sobre eles e cada vez mais exatamente deixá-los ser fisicamente, singularmente, eles mesmos
. Quer dizer: conhecer mais e mais
não o que eu penso que um som é, mas o que ele realmente
é em todos os seus de-talhes acústicos, e então deixar esse
som existir, ele próprio, mutável num ambiente sonoro
mutável .

Eles são, com
respeito ao contraponto, à melo-dia, à harmonia, ao ritmo e
todos os outros métodos musicais, sem sentido. Eles são realmente sem propósito mas, em seu despropósito,
expressando a própria vida que flui deles
, em todas as direções. O silêncio rodeia muitos deles de forma
que passam a ex-istir no espaço, desimpedidos uns dos outros,
mas se inter-penetrando uns nos outros pelo fato de
Feldman nada ter feito para impedi-los de serem
eles mesmos . Ele não está pre-ocupado
com a continuidade porque ele sabe que qual-quer som dá
sequência a qual-quer outro. Seus trabalhos em papel de música
não são essencialmente dife-rentes daqueles em gráficos, pois,
quando escreve as notas e os valores, ele
o faz direta e inesitantemente , sem se
envolver com a ideia de fazer uma construção de
natureza lógica . Seu trabalho faz-me lembrar de
um poema de Emily Dickinson : Na insegurança,
jazer é qualidade que assegura a alegria . E me
lembro tam-bém de parte de um sermão
de Meister Eckhart . Mas com a música
contemporânea não há tempo para fazer nada semelhante
a ‘classificar’. Você só tem de ouvir
inesperadamente , da mesma forma que quando você
fica resfriado tudo que você faz é inesperadamente espirrar

Desafortunadamente, o pensamento europeu conduziu a que
as coisas reais que acontecem tais como ouvir inesperadamente ou espirrar inesperadamente
não sejam consideradas pro-fundas.

Não há comunicação e nada está sen-
do dito. Então por que, era a próxima ques-tão, Por quê? —
Quando ela é de fato contemporânea, não temos tempo de fazer tal
separação (que nos protege da vida) e assim, a música contemporânea
não é tanto arte quanto vida, e todos que a fazem, logo que
terminam uma já começam a fazer outra, da mesma forma que as pessoas continuam la-vando pratos, esco-vando os dentes, dorm-indo, e assim por diante.
Muito frequentemente , ninguém sabe que a música contemporânea é arte ou podia sê-lo.
Só a acham irritante. Irrita de uma ou de outra forma, isto
é, impede que nos ossifiquemos. Para concluir:
Christian Wolff é um outro compositor que está mudando a música contemporânea . Eu me lembro de tê-lo ouvido tocar
uma peça de piano sua que continha silêncios. Era um dia agradável e as janelas estavam abertas. Naturalmente, no
decorrer da peça, ruídos de trânsito, sons de
apitos de barco, crianças brincando no corredor, podiam-se ouvir
todos, e alguns deles mais facilmente do que os sons que
vinham do piano. De tal forma que um amigo,
que estivera tentando com grande dificuldade ouvir a música,
pediu, ao fim, se Christian podia tocá-la novamente
depois que fechasse as janelas Christian disse
que de boa vontade tocaria a peça nova-mente, mas que não era urgentemente
necessário, já que a peça tinha sido tocada e os sons que
ocorreram acidentalmente enquanto ela estava sendo tocada não eram de forma
alguma uma interrupção As janelas de sua música estavam abertas —
"Não se espante", para citar Meister Eckhart, "Estou certo ou estou
fazendo algo errado ?" Um dos que estão mudando a música é Morton Feldman.

Feldman escreve sua música às vezes em papel de música, outras em gráfico. Numa série de peças chamada *Projections*, escrita em papel gráfico, ele indica somente agudo, médio e grave com referência à altura. O executante é livre, na hora da execução, de tocar qualquer nota dentro do registro indicado.

Funciona de tal forma que a gente pode "ouvir através" de uma peça de música assim como pode ver através de alguns prédios modernos ou ver através de uma escultura de tubos de Richard Lippold ou dos vidros de Marcel Duchamp

— em seu ouvido, onde ele encontrará uma bola de metal , para jogá-la na estrada em frente deles , de forma que, como o cavalo continua dizendo, possamos ser levados por ela. Isso, também, se considerarmos ele próprio e sua busca à desnorteada e rolante bola de metal, o herói o

faz sem titubear. Assim eles prosseguem , ao acaso,
sem vontade própria, passando salvos através de muitas
situações perigosas. Ao fim da jornada , quando o
sucesso já está quase alcançado , o cavalo, a que, o
herói agora sabe, ele deve absoluta-mente tudo, pede ao herói que o mate
. Isso causa alguma hesitação da parte do herói mas
ele finalmente concorda, e Olhem e Pasmem! o cavalo se
transforma num Príncipe, que, a não ser pela concordância do
herói, teria de permanecer um miserável
matungo desgrenhado. Eu observei mais alguma coisa sobre
a música de Christian Wolff ;

III

À medida que a gente caminha, quem sabe ? uma i-
deia pode ocorrer neste papo .
Eu não tenho ideia se virá uma ideia , ou
não. Se vier uma, legal. Considere-a como algo
visto momentaneamente , como se fosse de uma
janela durante uma viagem , se cruzando o Kansas
, então, naturalmente, Kansas .
Arizona é mais interessante. Aceitar
tudo o que vier , in-dependente das consequências
, é ser intemerato ou estar
cheio daquele amor que surge de um sentido de harmonia com tudo. Isso explicará o que Feldman significa
quando diz que está associado com todos os sons e assim
pode prever o que irá acontecer , muito embora não tenha
escrito as notas específicas, como fazem outros compositores.
Quando um compositor sente uma res-ponsabilidade de fazer em lugar de
receber, ele e-limina da área das possibilidades todos os eventos
que não sugerem o ápice da voga de profundidade, porque ele se leva
a sério, quer ser considerado grande, e por isso diminui
seu amor e aumenta seu medo e sua preocupação pelas coisas que as
pessoas vão pensar . Tal indivíduo tem de
se defrontar com uma porção de problemas sérios, mas a qualquer momento
pode irromper in-esperadamente a destruição, e então o que acontece
é mais novo. Como é diferente esse sentido de forma, daquele
que está vinculado à memória, temas e
temas secundários, sua luta, seu desenvolvimento, clímax,
recapitulação, que é a crença de que a gente pode possuir sua própria casa
mas, na verdade, ao contrário do caracol , a gente carrega a

casa dentro da gente, o que nos capacita a
voar , ou ficar , para apreciar
tudo. Mas cuidado com o que for assustadoramente belo

Nossa poesia agora é a consciência de que não possuímos
nada . Partindo daí, tudo
é um prazer (já que nada possuímos) e por isso, não precisamos temer sua perda. Não precisamos destruir o passado;
ele já se foi. A qualquer momento ele pode reaparecer e parecer ou ser
o presente. Seria uma repetição?
Só se nós pensássemos em possuí-lo, mas se não, ele é livre e
nós também . Muita gente sabe o
que é o futuro e quão in-certo
ele é . O que eu chamo de
poesia é frequentemente cha-mado de conteúdo. Eu mesmo já o
chamei de forma. É a continuidade de uma peça de música.

A continuidade, hoje, quando é necessária , é uma demonstração de des-interesse ; isto é, é uma prova de que nosso prazer está em não pos-suir nada . Cada momento apresenta o que acontece .

Eu tirei o método que usei para escrever música (cara ou coroa), do método usado no *Livro das mutações* para obter oráculos. O método em si é bastante complicado de descrever e não vou fazê-lo agora. Se você está interessado, pode ler uma descrição de-talhada que vai aparecer na próxima edição de *Trans/formações* . Por enquanto basta dizer que as tabelas são organizadas com re-ferência aos tempos, o número de sobreposições , isto é de coisas que podem acontecer juntas, sons e silêncios, durações, volumes e acentos. A um dado momento, metade das tabelas é móvel e a outra metade imóvel. Móvel quer dizer: se tal elemento é sorteado, ele funciona, mas desaparece .

IV

Estamos ainda no ponto em que muitos músicos estão se agarrando aos destroços compli-cados e competitivos da tradição, e, além disso, uma tradição que não é nem significante nem insignificante nem boa nem má mas simplesmente poesia como eu necessito . Se houvesse uma parte da vida suficiente-mente escura para manter afastada a luz

da arte, eu quereria estar nessa escuri-dão tateando, se necessário, mas
vivo; e eu acho, ao contrário, que a gente pode dis-pensar toda essa tri-
vialidade; — ninguém perde nada porque nada é se-guramente possuído
. E eu acho que estou de acordo, mas tenho uma pergunta muito
séria a lhe fazer: Como é que você precisa proceder cautelosa-mente em termos dualísticos ?

Numa outra
série de obras gráficas chamadas *Interseções*, essa liberdade
com respeito à altura se es-tendeu para incluir a duração
. Isto é, assim como um pedestre
pode cruzar um papo quando você tem algo a dizer,
precisamente por causa das palavras que continuam nos fazendo falar da
maneira pela qual as palavras precisam se aferrar, e não da Maneira
que nós precisamos para viver. Por exemplo: alguém disse:
A arte deveria vir de cima . Havia um calendário
social e hora pro desjejum , mas um dia eu vi um
cardeal , e no mesmo dia ouvi um pica-pau.
E também encontrei Meister Eckhart: a Terra não es-capa do
céu . Voe pra baixo ou voe pra cima,
o céu continua a invadi-la, energetizando-a, frutificando-a,
seja para sua gra-ça ou sua desgra-ça. Um compositor
moderno cubano, Caturla, ganhava a vida como juiz. Um
homem que ele sentenciou à prisão perpé-tua, escapou da prisão e
assassinou Caturla, não onde está dentro de nós , mas
como um copo vazio dentro do qual
a qualquer momento qualquer coisa pode ser
despejada , simplesmente algo, finitamente algo,
ou mesmo ser capaz de beber um copo d'água
. A menos que surja
alguma outra ideia sobre ela, isso é tudo que tenho a dizer sobre estrutura

. O que é isso? Fomos os primeiros a ter
nossa rota aérea do conhecimento da atualidade
. Isso cria o silêncio em nossa música e o espaço
a despeito de si mesmo, em tudo. Agora ele sabe que está se tornando o
mesmo. H C E[11] Cada um de nós está pensando seus
próprios pensamentos, sua própria experiên-cia e cada experiên-cia é diferente e
cada experiência é mutável e enquanto estamos pensando, mas
quando não, ela é livre e nós também. Algumas pessoas
dizem que tudo vai bem, mas pra nós, não vai funcionar.
Na medida em que todos estão pre-ocupados, é só patético.
Uma vez, um aluno me disse: eu compreendo o que o senhor diz sobre
Beethoven (eco de nada) que ele não é nada mais que um rolo de
papel higiênico ou so-bre uma obra de Arte.
Todavia, a simples contemplação não vai colocar os intervalos, as
sétimas, as segundas, o trítono e a quarta e a
civilização . A gente precisa de críticos, connoisseurs,
juízos, com autoridade . Eu não tenho nada contra
a série de doze sons, a qual, é claro, está mudando, mas
as questões importantes não podem ser decidi-das
nessa base . Elas requerem maior seriedade
. Devo dizer que
ainda sinto dessa maneira mas algo mais está ocorrendo
. Começo a ouvir os velhos sons
, sobre todos os quais eu tinha pensado tão livremente,
como se eles se re-ferissem ao aqui e ao agora, mas geralmente
por meio de símbolos, de forma que, frequentemente,
se a gente tivesse a responsabilidade de acreditar neles, seria absorvido
pelo oposto. Fazendo aquela continuidade parti-cular que exclui qualquer Progresso, de modo a implicar na presença de um som que não está realmente presente: então enganar todo mundo aterrissando ali, mas noutra parte.
O que está sendo enganado? Não o ouvido, mas a mente
. Toda a questão é ou poderia ser um modo de viver
. Várias histórias me
ocorrem que eu gostaria de abordar. Tenho uma história.
Era uma vez um homem de pé numa alta elevação. Uma companhia de
muitos homens que por acaso passava pela estrada obser-vou de longe que,
no pensamento eu-ropeu, as coisas são vistas como boas ou não boas.

Porque estamos na situação direta: Existe. Se você não gosta,
pode optar por evitá-la , mas o que o silêncio requer
não é isso . Toda a origem do desejo
de apreciar uma peça de música, dar-lhe este ou aquele nome,
ouvi-la sem os inevitáveis, estranhos sons novos,
é dar uma conferência que nos leva de volta à música contemporânea
. Mas, decolando outra vez e voltando ao *Livro das mutações*
Viver feliz pro resto da vida. E vivemos? Pra sempre?
Agora ?

Com o Kansas acontece o seguinte:
a qualquer momento a gente pode deixá-lo e quando a gente quiser, pode
voltar a ele . Ou você pode deixá-lo pra sempre e nun-
ca mais voltar . Os EUA são o país mais velho.
Naturalmente, ele está sempre mudando, mas agora está mu-dando evidentemente,
de modo que as pessoas por vezes estão de acordo, outras não, e as diferenças
de opinião são mais claras.
Uma senhora do Texas disse: Eu moro no Texas .
Não temos música no Texas. A razão pela qual eles não têm
música no Texas é que as durações são
altamente fracionadas . Se você deixa a
coisa, ela vai sozinha . Você não precisa car-
regá-la. Cada algo é a celebração de um
nada que o carrega . Pierre Boulez
é o último que está mudando a música contemporânea
que eu mencionarei .
Há sempre atividade mas ela é livre de compulsão
. Eu não tenho nada a dizer
e o estou dizendo e essa é a poesia como eu a
necessito . “Tudo que você diz sobre
as tabelas de sons, durações, amplitudes, em sua
Música de mutações é” como você pode ver: entediante,
às vezes gentil-mente agradável, tudo o que você qui-ser
. Agora, a música contemporânea está mudando, mas já
que tudo está mudando, poderíamos simples-mente decidir
tomar um copo d’água . Para que alguma coisa
seja uma obra-prima, você precisa ter tempo bastante
para falar quando não tem nada a dizer.
Agora um pouco sobre a aceitação, naturalmente,

finalmente . É uma disciplina que, aceita, em com-
pensação aceita tudo. Eu estava calado. Agora
estou falando. Sem melodia. Sem contraponto. Agora,
a quinta e última parte:

Em outras palavras, não há ruptura en-
tre espírito e matéria. E para compreender isso, só é preciso des-
pertar subita-mente para o fato.

Eu notei que acontece, e,
quando acontece, tem algo de miraculoso .
Segundo o que alguém disse: Uma coisa leva
a outras coisas, ao passo que um instrumento musical não leva a nada.
É como ir daqui para o Egito, é uma única viagem,
mas uma série mais ou menos complexa de experiências, ou então, como
os caracteres chine-ses, alguns são escritos como um único traço, mas
outros com dois. Mas se você o evita, é uma pena, porque ele se parece com a vida muito de perto, e ele e a vida são es-sencialmente causa de
alegria. As pessoas dizem, às vezes timidamente
: um terreno baldio , um pedaço
de barbante e um sol poente ,
sem possuir nada , todos agem .

Ramakrishna passou uma tarde explicando que tudo é Deus. Mais tarde, um de seus discípulos adentrou o trânsito noturno em estado eufórico, escapando por um triz de morrer esmagado por um elefante. Correu ao seu mestre e lhe perguntou: "Por que o senhor diz que tudo é Deus, quando, agora mesmo, fui quase morto por um elefante?" Ramakrishna disse: "Conte-me o que aconteceu." Quando o discípulo chegou ao ponto em que ele ouviu a voz do condutor do elefante alertando-o várias vezes pra sair do caminho, Ramakrishna interrompeu: "Essa era a voz de Deus."

• • •

Fiquei surpreso quando entrei no quarto de mamãe no sanatório, ao ver que a TV estava ligada. Era um programa de adolescentes dançando rock-and-roll. Eu perguntei a mamãe se ela gostava da nova música. Ela disse: "Oh, eu não sou muito amarrada em música." Depois, animando-se, prosseguiu: "Você também não é amarrado em música."

Esta conferência foi escrita para o Simpósio Beta, da Wesleyan University, em fevereiro de 1961, quando eu participava do Centro de Estudos Superiores na universidade. Eu era um dos vários membros da comunidade acadêmica, e todos, inclusive o presidente, Victor Butterfield, estávamos nos dirigindo aos estudantes sobre o mesmo assunto. Fiz minha conferência em cinquenta e seis cartões, vinte e oito com textos, vinte e oito com números. (Os números eram números de segundos.) As instruções para o uso dos cartões, seguidas para obter a disposição mostrada abaixo, foram estas:

Embaralhe os cartões com textos. Verifique a posição do que contém a história de Goldfinger e Schoenberg. Embaralhe todos os cartões com números, separando aquele que contém o número 120. Coloque-o na pilha de números na posição correspondente ao cartão Goldfinger-Schoenberg, na pilha de textos. Usando um cronômetro, leia os textos nas correspondentes durações. Isso dá um papo de vinte minutos. Outros cartões de números poderiam ser feitos, para proporcionar palestras de outras durações.

A tipografia é uma tentativa de proporcionar ao olho mudanças semelhantes àquelas que os tempos variáveis ocorrentes na emissão oral dão ao ouvido.

CONFERÊNCIA SOBRE O COMPROMISSO[12]

A fim de cumprir com todos os nossos compromissos, precisamos de mais ouvidos e olhos do que tínhamos originalmente. Além disso, os que tínhamos estão ficando gastos. Em que sentido estou perdendo meu ouvido para a música? Em todos os sentidos.

•

•

•

•

•

•

• **50**

Fazer? Ou já foi feito para nós? O que fizemos para nascer? Acaso nós escolhemos, depois de meditar, a vida aqui, em lugar de um outro planeta ou em outro sistema solar, sentindo que havia melhores oportunidades na Terra? Que a gente iria mais longe?

•

•

•

• **35**

Digamos que, cumprindo um compromisso chato, você se ponha numa má situação. A coisa mais razoável a fazer é cair fora da forma mais elegante possível (comandar uma retirada, no caso de você ser um general).

•

•

•

•

•

•

•

• **55**

A questão não é: Quanto você vai extrair dele? Nem é: Quanto você vai inverter nele? Mas sim: Quão imediatamente você vai dizer Sim a qualquer imprevisibilidade, mesmo quando o que acontece parece não ter relação com o que se pensou que era o compromisso da gente?

•

•

•

•

•

•

•

• **60**

Quando fui a Paris pela primeira vez, fui pra lá em lugar de voltar ao Colégio Pomona, para meu ano inicial. Olhando em volta, foi a arquitetura gótica que me impressionou mais. E dentro dela, preferi o estilo *flamboyant* do século XV. Nesse estilo, meu interesse foi atraído pelas balaustradas. Estudei-

-as durante seis semanas na Bibliothèque Mazarin, entrando quando se abriam as portas e não saindo antes que elas se fechassem. O Professor Pijoan, que eu conhecera em Pomona, chegou a Paris e me perguntou o que eu estava fazendo. (Estávamos parados numa das estações de metrô.) Eu lhe disse. Ele me deu literalmente um repentino chute no traseiro, e disse: "Vá, amanhã, ao Goldfinger. Eu vou arrumar pra você trabalhar com ele. Ele é um arquiteto moderno." Depois de um mês de trabalho com Goldfinger, medindo as dimensões das salas que ele tinha de modernizar, atendendo ao telefone e desenhando colunas gregas, cansei de ouvi-lo dizer: "Para ser um arquiteto, a gente tem de dedicar a vida inteiramente à arquitetura." Então, deixei-o, porque, como eu expliquei, tinha outras coisas que me interessavam, por exemplo música e pintura. Cinco anos mais tarde, quando Schoenberg me perguntou se eu dedicaria minha vida à música, eu disse: "Naturalmente." Depois de ter estudado com ele dois anos, Schoenberg disse: "Para escrever música, você precisa ter sensibilidade para a harmonia." Eu então lhe expliquei que não tinha nenhuma sensibilidade para a harmonia. Então ele disse que eu sempre encontraria um obstáculo, que seria como se eu chegasse a um muro pelo qual eu não podia passar. Eu disse: "Nesse caso, vou dedicar minha vida a bater com a cabeça contra o muro." **120**

Seriamente, nós vamos entrar nessa?

•

•

•

•

• **30**

Agora chegamos ao tema da descontinuidade em relação ao compromisso. Digamos que eu tenha um compromisso. Digamos que alguém me interrompa enquanto estou trabalhando. Se eu permito (que foi o que eu fiz quando fui concebido), então eu entro na descontinuidade. Naturalmente, eu posso dizer: "Não, não me aborreça", perdendo, assim, a oportunidade de renascer.

• **25**

O que é que está errado? A meteorologia ou os nossos calendários? Este devia ser o pior mês; talvez tudo tenha saído fora de posição.

•
•
•
•
•
•
•
• **50**

Há o exemplo daquele cara que se dedicou a meio metro quadrado de terra, esperando aprender, antes do fim de seus dias, tudo que pudesse sobre aquele pequeno lote. (Aparentemente, em nenhum ponto do tempo ou do espaço, o muro é impenetrável. Empurre-se ou não, a porta se abre.)

•
•
•
• **40**

De vez em quando, a gente topa com a suposição de que, se uma pessoa se compromete, outras se comprometerão, em seguida, por assim dizer. Isto está implícito nas atuais atividades que envolvem a desobediência civil, para não falar da educação, do aprendizado e toda essa baboseira. Mediremos nós, então, nosso sucesso, pela medida de quanto conseguimos reduzir a raça humana a um rebanho? Comparar com o animal do Extremo Oriente, que pra dormir numa noite de inverno sobe numa árvore, deixando que a neve continue a cair, de modo que suas pegadas desapareçam.

•
• **45**

"A música também é um meio de transporte rápido." Hui-Neng, que mais tarde se tornou o Sexto Patriarca, era lavador de pratos no restaurante do mosteiro.

•
•
•
• **30**

Tenho uma amiga cujas ações parecem inspirações irresistíveis. Mudando constantemente seu percurso, mesmo assim ela faz completamente tudo que está fazendo, de modo que eu diria que ela está comprometida. Contudo ela gostaria, segundo me disse, de não ter duas de cada coisa, mas só uma, de forma que pudesse ficar totalmente concentrada. Quando ela me falou isso, fiquei surpreso, porque pensei que ela estivesse acima de tudo comprometida, e porque eu próprio me sinto tanto mais comprometido quanto mais diversos e variados se tornam meus interesses e minhas ações.

25

Nunca tive um chapéu, nunca usei um, mas, recentemente, ganhei um chapéu de camurça marrom para caça-aos-patos. No momento em que eu o pus, descobri que andava louco por um chapéu. Eu o mantinha aquecido colocando-o na cabeça. Fiz planos para usá-lo especialmente quando estivesse para ter algum pensamento. Perdi meu chapéu em algum lugar de Virgínia. **20**

Poderíamos dizer que o compromisso é a realidade máxima, do ponto de vista humano. Por causa disso nos preocupamos diariamente em encontrar meios práticos de virar o telescópio ao contrário pra olhar pelo outro lado.

•

• **25**

Quem pisou primeiro nesse barro? E como essa lama pôde ficar tão deliciosa?

•

•

• **20**

A gente observa, por toda parte, alteração, às vezes ligeira, no curso da ação. Não podíamos ter nascido, em vez de homens, um bando de pássaros? (Ela me perguntou, como é que eu podia explicar o fato de que aquela moça gorda e alta na aula de teatro conseguiu dar a todos a impressão de que era um lápis curto e atarracado.)

•

•

•

• **40**

Nossa educação ocidental nos ensina a ter cautela. Assim, hesitamos antes de cruzar as grandes águas. Nós não quereríamos nos liquidar, quereríamos? Imaginando que podíamos ter sido eleitos presidente dos Estados Unidos, queremos de alguma forma estabelecer uma vida não muito ignóbil. Bem, sempre há a Madison Avenue. E ela precisa de nós para continuar existindo.

•
•
•
•
•
•
• **60**

A gente poderia dizer: “Deixa o barco correr”, mas, então, o que aconteceria se ele risse na hora errada, ou se comportasse de alguma outra forma que fosse embaraçosa pra si próprio e pra nós? Assim, dizemos: Dedique-se ao que vai fazer. Isso significa que você deve estudar. Quando você estuda, você estuda uma coisa ou estuda com alguém? Você poderia fazê-lo sozinho ou teria de ter um professor, de quem se tornaria um discípulo? (Eu acredito em tudo que você diz.) (Toda a teoria da harmonia, tal como ela é, foi redescoberta por um cara da Nova Inglaterra, sem a vantagem de nenhum contato com a Europa; quando ela foi vislumbrada na China, saiu um decreto imperial proibindo-a.)
• **45**

Por que me pediram pra falar sobre o compromisso? Eu não pareço um gafanhoto?
•
•
•
•
•
•
•
• **45**

Deixem-me falar esquematicamente. Este ponto é a coisa. Aquele ponto é você. Desenhamos uma seta entre os dois pontos, indicando que você se dedicou à coisa, incondicionalmente. Isso é compromisso. Para onde é que ela leva? Bem, há linhas naquele ponto, que é “a coisa”, que são setas para todos os outros pontos no espaço e no tempo. Toda “coisa” é como uma Grande Estação Central, ou melhor, uma plataforma espacial em órbita. Uma vez lá, você pode se mover em qualquer direção. Você pode flutuar no ar, como fez Mila Repa, como um cardo. Aparecer em vários lugares no mesmo momento (da maneira que fazem os veículos de massa). Você pode até voltar a si mesmo: perto do fim da vida, Ramakrishna colocou um maço de flores em volta do pescoço e se sentou de pernas cruzadas, em autoadoração.

• **50**

O que foi que, realmente, me fez escolher a música em lugar da pintura? Só porque as pessoas disseram coisas mais bonitas sobre minha música do que sobre minhas pinturas? Mas eu não tenho ouvido absoluto. Não consigo sustentar uma nota. De fato, eu não tenho talento para a música. Da última vez que eu a vi, Tia Phoebe disse: "Você está na profissão errada." **20**

Vou lhes dizer uma coisa: estar comprometido, como agora, com o compromisso é muito curioso. Como disse Gertrude Stein: "There isn't any there there." [Não há nenhum lá, lá]. Se ao menos fosse uma pérola, eu poderia quebrar a cabeça e encontrá-la. Como disse Suzuki: Vivendo na cidade, não vejo como você poderá fazê-lo. Se vivesse no campo, você teria uma chance. E há o seu artigo intitulado "Mãos". (Deixe que elas se sujem. E quem foi mesmo que falou de raízes — não só das raízes, mas a sujeira grudada nelas? Compare com as árvores mandadas pro Nebraska, que se recusaram a crescer simplesmente porque limparam suas raízes.)

• **40**

É verdade que quando um assassinato é cometido, cada um de nós é o assassino?[13] Então, não devíamos ser mais generosos uns com os outros?

•

•

•

• **30**

Como diz o outro, já existem muitos sons pra serem ouvidos. Então, por que fazemos músicas? Considere, diz ele, as relações de um cara com a música como as que ele possa ter com, por exemplo, animais, roupas, estrelas, lixo, ou pessoas que a gente nunca mais encontra, desde que ele não seja exclusivamente um profissional guardião, tratador, organizador ou explorador de qualquer dessas coisas.

•

•

•

•

•

•

• **55**

Precisamos, então (a fim de sermos levados a sério por nós mesmos e nossos companheiros), precisamos ficar acordados de noite para preparar uma decisão? A noite escura. Ou é só porque o sol é muito brilhante e nos cegou?

•
•
•
•
•
•
•
•
• **60**

Não estamos comprometidos com isto ou aquilo. Como dizem os hindus: *Neti Neti* [Nem isso Nem aquilo]. Estamos comprometidos com o *Nothing-in-between* [nada no meio ou entre nada] — saibamos ou não. (Meu coração continua batendo sem que eu levante um dedo, esteja eu evitando o trânsito ou enchendo a pança. E o suor?)
•
•
•
•
•
•
• **55**

Pra pensar, preciso usar meu chapéu pensante? Ou será suficiente morder os lábios? Ou, se estou numa sala, será que andar pra lá e pra cá quebra o galho? Não posso pura e simplesmente pensar?
•
•
•
• **35**

Somos livres como pássaros. Só que os pássaros não são livres. Estamos tão comprometidos como pássaros, c da mcsma forma.
•
•
•
•
• **35**

Em outubro de 1961, Gyorgy Kepes, Professor de Design Visual no Departamento de Arquitetura do MIT,[14] convidou-me para escrever um artigo que iria aparecer num livro sobre o módulo, numa série de livros dedicados a problemas de forma, que ele estava preparando para o editor, George Braziller. Kepes sugeriu que eu discutisse não só o módulo, mas ritmo, proporção, simetria, beleza, equilíbrio etc. Eu recusei, dizendo que não estava interessado em nenhuma dessas coisas. Kepes respondeu, dizendo que ele gostaria que eu escrevesse um texto de qualquer forma, que eu podia fazê-lo como advogado do diabo.

Assim, encurralado, tentei imaginar onde Kepes podia ter achado essa lista de assuntos (e por que teria pensado em pedir a um músico para discutir questões referentes à visão). Morando pegado a um arquiteto amador que andava profundamente impressionado por Le Corbusier, comecei a suspeitar que essas palavras procediam do livro de Le Corbusier, *O módulor*. Corri ao meu vizinho, peguei o livro e o abri. Dito e feito, lá estavam, todas as palavras, e ainda uma demonstração do amor de Le Corbusier pela música, esclarecendo por que Kepes pensara em escrever a um músico.

Fiz então uso da minha *Cartridge Music* [Música para cartucho] para escrever um texto. *Música para cartucho* é uma série de materiais com instruções de uso. Há vinte folhas normais, não transparentes, com formas biomórficas. Há diversas folhas de plástico transparente, uma com pontos, a segunda com pequenos círculos, uma terceira com uma linha sinuosa pontilhada, uma quarta representando o mostrador de um cronômetro. Superpondo todas as folhas transparentes àquela folha normal que continha o mesmo número que o número de assuntos que Kepes me pedira, e ajustando a linha sinuosa de forma que tivesse ao menos um ponto inserido numa das formas biomórficas e entrasse e saísse pelo menos uma vez no mostrador do cronômetro, fiquei pronto para fazer um plano de escrita detalhado. Pontos dentro de formas eram ideias relevantes para um assunto particular, pontos isolados eram ideias irrelevantes. Os círculos eram histórias, relevantes ou irrelevantes. Os números do cronômetro eram interpretados não como segundos, mas como linhas de um caderno de taquigrafia. Cheguei, assim, a instruções como a seguinte: da linha 24 à 57, conte uma história relevante para a *proporção*, discuta uma ideia sobre *ritmo*, continue com uma ideia que não tenha nada a ver com *equilíbrio*. Obtendo várias instruções desse tipo, passei à escrita. Os espaços vazios são consequência do mesmo método. Na leitura oral (várias vezes dei conferências com esse texto), os espaços correspondem a silêncios. Quando terminei de escrever, em maio de 1962, anexei o cabeçalho que se segue. Gyorgy Kepes aceitou meu trabalho, que foi publicado no volume sobre *Módulo, proporção, simetria, ritmo*, na Série Visão e Valor, editada por ele para George Braziller, Nova York, em 1966.

RITMO ETC.

As principais figuras no texto seguinte são Le Corbusier, arquiteto de lindas construções, inventor do Módulor, e David Tudor, músico, sem o qual minha música mais recente e as músicas de Morton Feldman e Christian Wolff, para mencionar só três, nunca teriam existido, não por causa do seu virtuosismo, mas pelo que ele é, desprezadas as suas habilidades. Este texto não é para ele, mas, sim, uma homenagem a ele.

A rigor, nada há a dizer sobre ritmo, porque não há tempo. Temos ainda de aprender os rudimentos, os meios úteis. Mas há mil razões para crer que isso vai acontecer, antes que os corpos fiquem inanimados. Quando eu vejo tudo que está à direita se assemelhar a tudo que está à esquerda, eu me sinto da mesma forma que eu me sinto em frente de algo em que não há nenhum centro de interesse. Atividade, negócio: — não daquele que o fez (suas intenções tinham se reduzido a quase nada) — talvez um grão de poeira.

Somos construídos simetricamente (com as habituais permissões para a imperfeição e a ignorância, com respeito ao que ocorre por dentro), e assim vemos e ouvimos simetricamente, observamos que cada evento está no centro do campo em que nós-ele estamos. Não é apenas um ponto de vista democrático porque é igualmente aristocrático. Só objetamos quando alguém nos chama a atenção para algo que já estávamos em vias de ver. Ele mencionou o ato de ir pra trás ou pro lado, e combinou isso com a noção de progresso.

A casa em Los Angeles que os outros visitaram. Eles falaram sobre isso: como as pessoas tentaram destruí-la ("um monstrengo"), mas ela provou ser uma fonte muito grande de renda. Ela falou de alteração em sua percepção da luz. Quando eu capto meu pensamento agora, já sei que ele vai deslizar entre meus dedos. É de sua própria natureza evitar ser apanhado. É isso que faz o pensamento (não só isso: que as coisas estão em fluente relacionamento entre vida e morte, a morte só chegando àquele que vence: nada para).

Antes de deixar duma vez a Terra, perguntemos: Como é que fica a Música, com respeito a seus instrumentos, suas alturas, escalas, modos e séries, repetindo-se de oitava a oitava, os acordes, harmonias, e tonalidades, compassos, métricas e ritmos, graus de amplitude (pianíssimo, piano, mezzopiano, mezzoforte, forte, fortissimo)? Embora a maioria vá todos os dias às escolas em que essas matérias são ensinadas, eles leem, quando o tempo permite, sobre Cabo Canaveral, Gana e Seul. E ouviram falar de sintetizador de música, fita magnética. Confiam nos dias do rádio e da televisão. Uma arte tardia, essa arte da Música. E por que tão devagar? Será porque, tendo aprendido uma notação de alturas e durações, os músicos não desistem do seu grego? As crianças têm sido artistas modernos há muito tempo. O que é que há com a Música, que ela impele não só os jovens, mas também os adultos, para um passado tão remoto quanto as suas conveniências lhes permitem? O módulo? Mas nossas escolhas nunca envolveram todo o globo, e na nossa indolência, quando mudamos para o sistema de doze sons, só pegamos as alturas da música do passado como se estivéssemos mudando para um apartamento mobiliado e não tivéssemos tido tempo nem de tirar os quadros das paredes. Qual é a desculpa? Que as coisas, hoje em dia, estão acontecendo tão depressa que não dá nem pra pensar? Ou seríamos nós clarividentes percebendo antecipadamente que desapareceria a necessidade de qualquer tipo de mobiliário? (Tudo que você coloca na sua frente, fica pendurado no ar.) O que foi irrelevante para as estruturas que a gente antes fazia, e isso foi o que nos manteve respirando, foi o que ocorreu dentro delas. Tomamos o vazio delas pelo que ele era: um lugar em que tudo podia acontecer. Essa foi uma das razões pelas quais estávamos aptos quando surgiram circunstâncias que nos convidavam (mudanças na consciência etc.) a sair pra fora, onde o ato de respirar é brinquedo de criança: sem paredes, nem mesmo as de vidro que, embora transparentes, matavam os pássaros em pleno voo.

Mesmo no caso de um objeto, as fronteiras não são claras. (Vejo através do que você fez, isto é, se os reflexos não me conduzem de volta ao ponto em que estou.) Mas por que questionar? Os hindus, há muito tempo, sabiam que a Música transcorria permanentemente e que ouvir era como olhar por uma janela para uma paisagem que não deixava de existir quando a gente parava de olhar.

Etc. Algum tempo atrás, contagem, padrões, andamentos caíram. O ritmo está em qualquer extensão de tempo (não estrutura). A-ordem. É definitivamente primavera — não só no ar. Tome como um exemplo de ritmo qualquer coisa que pareça irrelevante.

O que é maravilhoso é que a lua continua surgindo, mesmo que tenhamos mudado de ideia sobre se vamos ou não chegar lá. Simetria. Pura simetria. Não existe. (Ele trabalhou por muitos anos, e à medida que trabalhava, sua técnica melhorava, mas ele preferiu conservar as inaptidões para revelar, ao contrário, não algo perfeito, mas algo que mostrasse que tinha estado vivo enquanto o fazia.) Além disso, eu sei, quando vejo algo que mostra sinais de simetria, que estou num ponto em que medidas não têm mais significado real. (Como suas bandeiras, alvos, alfabetos e latas de cerveja.) Não me diga que é uma questão de produção em massa. Não seria, antes, que eles querem estabelecer, se não as regras do jogo, ao menos aquilo com que as pessoas costumam jogar, quando começam a jogar? (Não precisamos concordar em que o jogo seja o que ele é, desde que, nesse caso, a Invenção — sem o que era melhor não ter nascido — é uma desmancha-prazeres.) Houve um tempo (e eu não me incomodaria de ter vivido nele, embora não trocasse de lugar, por dinheiro nenhum, com ninguém passado, presente ou futuro) em que havia um anseio de perfeição em Música — um relacionamento entre a unidade e o todo, até o último detalhe: tão elegante. Como aconteceu isso (era um objeto)? Era um ícone. Era uma ilustração da crença. Você vê, agora, porque o que fazemos agora não é absolutamente o que era então? Tudo agora está num estado que nos confunde, porque, pra dizer só uma coisa, não estamos certos dos nomes das coisas que vemos bem na nossa frente. (Mas, mesmo se não sabemos seus nomes, não podemos pegar nossas réguas — e compassos — e medi-las? Não, não podemos: lembre-se do que ele disse sobre o tigre.) E não, outra vez: eles pediram aos campistas para abandonar o parque porque os incêndios em pontos distantes eram em número de dezesseis.

História antiga: *tatami* (material); *tala* (estrutura aberta dos dois lados); moteto isorrítmico (estrutura fechada); uma estrutura rítmica — micromacrocósmica, a relação das pequenas partes dentro da unidade sendo idêntica à relação das grandes partes dentro do todo — (estrutura fechada); o Módulor (material).

Ela me disse que chegou de surpresa, lá pelas onze e meia da noite, e ele disse: "Por que você não fica para jantar?" Seu ato de cozinhar, ela disse, era como uma performance. Sem correrias pela sala: tudo estava misteriosamente no exato lugar que sua mão procurava, quando precisava.

O mundo num grão de areia (ou é o Universo?), e vice-versa. Mas quando dizemos, de um artista pra outro, "A unidade e suas relações com o todo", falamos de um objeto, e é bom lembrar que a única vez que a ideia de movimento da parte desse objeto entrou na sua cabeça, exceto como uma analogia forçada com a música de outrora, foi quando ele foi obrigado a aceitar erros em seus cálculos. (O ritmo, também, não é aritmético.) *Ele* não tinha cometido erros: era só que as circunstâncias eram esmagadoramente diferentes da ideia com a qual ele estava tentando disfarçá-las. E sua ideia, realmente, disse ele, era uma ferramenta, um instrumento — não um objeto. Mas ela tinha em si (a ideia) todos os elementos (presentes só como mensuração) que o objeto, depois de feito, devia ter. Por isso ela não era uma ferramenta, pois o papel, depois de cortado, fica livre da faca que foi usada para cortá-lo. Não uma ferramenta, mas um instrumento, como o piano, que, quando usado, deixa suas notas espalhadas por toda a música que foi tocada. (Não era por isso que era preciso mudá-la? De outra forma, estaríamos frente a um projeto como aquele do fabricante de instrumentos de corda, de Pittsburgh, que queria construir de tal forma seus celos, violas e violinos, que a gente não fosse capaz de ouvir nenhuma diferença de timbre ao passar de um para outro. O problema é mais sério: precisamos dispensar os instrumentos todos e nos acostumarmos a trabalhar com ferramentas. Então, se Deus quiser, teremos feito algum trabalho. A coisa também pode ser colocada da seguinte forma: encontrar meios de usar os instrumentos como se fossem ferramentas, isto é, de forma que não deixem traços. Isto é precisamente o que são nossos gravadores de som, amplificadores, microfones, alto-falantes, células fotoelétricas etc.: coisas para serem usadas, que não determinam necessariamente a natureza do que foi feito. Naturalmente, há armadilhas, mas assim também é o dedo da gente, quando a gente aponta pra Lua. Aquilo com que estamos mexendo não são coisas, mas mentes. Que mais?)

Agora, estamos no chão outra vez, firmes nos pés. Os carros já não podem passar pela ponte. Na semana passada, houve um caso de uma caminhada em falso, areia movediça e, antes que tivéssemos saído, uma imersão na correnteza. Lembro-me da história que ele contou, que eles tiveram que parar completamente — e não eram almas tímidas. Não se produz simetria em música fazendo uma coisa, e depois fazendo-a ao contrário, ou fazendo algo e depois outra coisa diferente, e então de novo a que foi feita em primeiro lugar. Exercício: deitado de costas, os braços para os lados, pernas não cruzadas, pergunte a si mesmo: Entre todos os sons que ouço, quais estão fora de equilíbrio?

Haverá, localizados centralmente, Muzak-plus pulverizados ("Você se aferra à composição"), executados por ouvintes que não fazem nada mais que andar pela sala.

Há os que pensam ou sentem que a coisa nunca devia ter acontecido, mas (desconsiderando-os) os outros não dizem mais: "Talvez tivesse sido melhor se você a tivesse cortado." Em vez disso, dizem: "Eu estava começando a me acostumar com a coisa." Alguns dizem: "Você não a podia ter feito mais efetiva?"

E quando aparecer algo que nunca foi ouvido, seremos capazes de falar mais ou menos do que agora sobre a unidade e seu relacionamento com o todo? No interior desse espaço, aberto, embora cheio, como um prato até a boca, de sons tanto agradáveis como terrificantes, que ocorrem em pontos imprevisíveis não só no tempo, como através de todo o espaço, também, não será como é hoje, primavera definitivamente aqui (ou é verão?), finalmente ao ar livre, deliciosamente infestado de insetos, algo para ouvir de todos os lados (até atrás de mim), que tudo que a gente possa pensar que teremos tido de dizer terá, como agora, escapado de nossas mentes de alguma forma?

Sua resposta à questão foi: parece haver uma tendência para o Bem. E o que é que isso tem a ver com proporção? Isto: que, uma vez que tenham sido tomadas as medidas (não em borracha, mas em algum material inflexível), determinados os relacionamentos adequados (Você acredita? Eles conseguiram tirar uma família inteira de casa, só porque ela educava seus filhos de modo diferente das outras mães), uma força policial é apropriada. Eu cito (as omissões e os itálicos são meus): "acordo entre homens e máquinas, sensibilidade e matemática, uma colheita de harmonias prodigiosas a partir de números: a rede de proporções. Esta arte. . . será conquistada pelo esforço dos homens de boa vontade, mas será contestada e atacada. . . *Ela tem de ser proclamada por lei*": Isso é chamado Arte. Sua forma é a da tirania. A inflexibilidade social decorre da concepção inicial da proporção. A linha desenhada entre dois pontos torna-se primeiro um entrelaçamento, e finalmente tridimensional. A menos que encontremos um caminho de saída, estamos perdidos. Quanto mais vidro, digo eu, melhor. Este ano, nem só as janelas se abrirão, embora sejam pequenas: uma parede inteira corre pro lado, se eu tiver a força ou a ajuda para empurrá-la. E onde eu entro? (Sou atraído como que por um ímã.) Não proporção. A desordem da floresta virgem. (Sua música me deu a mesma experiência: era só um som, amplificado e gravado em fita, resultado da ação de duas pessoas durante vinte raros minutos, esfregando cinzeiros de metal em placas de vidro. Essa é uma das formas. Há tantas outras maneiras quanto pessoas, e agora há mais pessoas do que nunca, na história. Agora, o aumento da população é geométrico; pode ser que volte a se tratar de uma simples adição. Consequentemente, não há falta de ideias que a gente ainda não tenha tido. Então, por que outras pessoas têm suas ideias antes que ele as tenha? Um curto-circuito? Deixe-os reformar os seus caminhos, começando por onde quer que estejam, sempre a partir do nada.)

Façamos uma lista das razões pelas quais temos desprezado todos os pensamentos sobre a proporção: 1) Não estamos mexendo com o número 2, mas com o número 1; 2) Durante um ano qualquer — o registro o comprova — trabalhamos, pelo menos, de duas maneiras diferentes: levou em alguns casos três ou mesmo quatro anos, livres de carga como estávamos, para desprezarmos esses hábitos; 3) Lentos de raciocínio, os músicos eram capazes de observar os efeitos dos pensamentos sobre proporção nas outras artes, dando-lhes a responsabilidade de agir de outra forma, e, afortunadamente, estavam livres dos problemas da arquitetura e da engenharia civil (a goteira do forro e o desmoronamento da estrutura), os problemas da linguagem (os significados das palavras e as convenções da sintaxe), os problemas da pintura e da escultura (objetificação); 4) Processo: pura subjetividade; 5) Consideração da atividade de ouvir (fazemos nossa própria audição: não é feita para nós) — que, para ser direta, não pode ser seguida de nenhuma outra atividade organizada (intelectual) ou desinformada (emocional, cinestésica, crítica, discursiva), tornando, por isso, possível uma transformação da experiência (qual era qual? Os sons ou eu?); assim: composição — que, para ser direta, não pode ser precedida etc. até "qual era qual?", que é eliminado desde que nada foi ainda executado, i.é., veio a existir; 6) Encontramos maneiras de compor indeterminadamente, escrevendo em folhas de plástico transparente que podem ser superpostas de qualquer maneira; e 7) — custou três anos para imaginar essa necessidade — Descobrimos que em cada folha dessas, tudo que deve estar presente é uma notação (sem proporção = flexibilidade ótima = qualquer proporção). Faz-nos lembrar das galinhas russas. Fragmentação. Começamos por incrementar as diferenças entre os sons fazendo uma *Klangfarbenmelodie* [melodia de timbres]. Cada vez deixamos mais aberturas no nosso espaço de tempo. O que mudou as coisas radicalmente foi o desejo de parar o trabalho completamente, antes que a estrutura estivesse completa. A partir daí, já não havia nenhuma estrutura fixa: só partes, em qualquer número, superposição e duração. Mudou o sentido-de-tempo. Agora ele diz: A permeabilidade do espaço com o som.

A cobra cabeça-de-cobra ataca só um caçador. Os outros continuam com seu trabalho. A noite passada, outra vez, o pássaro, será que estava cego? Era esse o meu propósito ao matá-lo?

Ele fez uma análise do som de um gongo e depois, a fim de compor uma peça de música em fita magnética, extraiu medidas dessa análise, de forma que todas as frequências, durações etc. seriam uma sequência delas. E muito embora "tudo possa ser feito", esse projeto teve de sofrer, como o outro sofrera, a introdução de aproximações. Agora estamos preocupados com a quantidade (qualidade a gente consegue automaticamente), mas não queremos ser sufocados por ela: insistimos em nos tornarmos capazes de sentir como se nada estivesse lá, muito embora já não possamos contar nossas propriedades. Se — e eu não o creio — algo como o design ocorresse antes que eles pusessem aquelas pedras naqueles jardins de areia, seria a hora de um de nós, caçadores, fazer um jardim com a mente livre. O que seria? Algo mais para se estudar?

Neste momento, se proporção e essas coisas fossem algo fundamental em nossas cabeças, harmonia e beleza e todo o resto desses trecos, não desejaríamos mais nenhuma modificação (a não ser um pouco de chuva — seis incêndios ontem, de modo que dois mil foram mandados de volta para as cidades de onde vieram): havia uma brancura indefinida pousando no ar, em torno das árvores, e eu estava andando a quarenta milhas por hora. Se — como é o caso quando eu olho aquele edifício perto de Chicago — eu tenho a impressão de que ele não está lá, mesmo que eu veja que está ocupando espaço, então, módulo ou não módulo, tá legal. Mas não me obriguem a contar carneirinhos! O que nós, músicos, estamos pretendendo descobrir não é como parar de contar (já fizemos isso), mas como dispensar nossos relógios. (É verdade: estou sempre lhe perguntando: "Que horas são?") Deve ser que, eventualmente, teremos uma música cujo relacionamento com o que ocorre antes e depois ("não" música) é exato, de forma que a gente possa ter a experiência de que não se teve nenhuma experiência, uma desmaterialização de intenções (não de fatos). Já temos isso, assim não há motivos para alarme; mas o futuro, nós o queremos disponível em toda parte, exatamente como agora. Eles estão começando a trabalhar.

Ela tinha uma cabra. Não tem mais. Agora eles têm cães e um plano pra ficarem livres deles. A gata que eles tiveram por muito tempo não tem instinto maternal. Vão comprar um cavalo. Por que não fazem como no caso da vista a partir da pedra se equilibrando no topo da colina, em que nunca se incomodaram de olhá-la? Proporção.

O ritmo aperiódico pode incluir o ritmo periódico. (O reverso não funciona; é por isso que tem de ser aperiódico, embora essa não tenha sido a forma pela qual foi tomada a decisão de que ele deveria ser aperiódico. Pensou-se que era possível uma outra expressão com suas próprias regras, e assim, embora mudado, foi mantido um controle rigoroso. — Eu estou falando das pessoas do outro lado do oceano.) O pássaro continua cantando repetitivamente, ainda que os mosquitos estejam zumbindo na janela, a esmo e intermitentemente. Em tudo isso, sem mencionar os 9.997 outros eventos, por onde devemos começar, se o trabalho consiste em medir? E se começarmos, digamos, em qualquer ponto, devemos medir cada evento em separado, dure quanto tempo durar, ou medimos os espaços entre os eventos (havia algum?), ou ambos? Os índios do Noroeste começaram como se tivessem perdido os poderes de cantar e dançar (como se estivessem às portas da morte), e então nasceram-lhes outros poderes, os poderes de um pássaro ou um animal, cheios de vigor do novo nascimento. Neste caso, não foi mantido nenhum controle rigoroso. O incêndio não foi evitado. Quando o dançarino não podia mais se mover, vinham outros e o carregaram de volta ao lugar em que estivera sentado. Aqueles da Ásia também começaram, mas meditativamente, como se não conhecessem suas próprias mentes. A força de outro, e que outro? Se — o que não precisamos fazer — dermos uma imagem da coisa (como eles fizeram com o zumbido, para as alturas, e as proporções de uma *tala* particular), o que, em nossa imparcialidade, daremos? Os outros, talvez, citarão Confúcio e os índios do Sudoeste, mas mesmo aí a Deusa-Aranha não vai permitir a passagem de ninguém que não tenha impurezas. Aparentemente, estamos indo para o norte em "nosso sentido, isto é, daquilo a que devemos dar vida em nossas artes. Ele chamava a coisa de *allagermanica*, e alertava contra o uso de compassos. (Eu não tenho nenhum; o único que eu arrumei emprestado, só usei uma vez: pra desenhar a figura de um relógio — que eu espero que não seja mais necessário. Eu não tenho nenhum porque sei perfeitamente bem que, uma vez desenhado um círculo, o que eu tenho de fazer é ficar fora dele. A gente começa sem ele, e é cada vez mais urgente não apagar o relógio, mas eliminar a forma como nós o usamos.)

Para mudar de assunto. O que é que eu quero dizer quando falo: Ele não tem sentido-de-tempo? Não sabe pular de uma situação para outra nos momentos adequados? Por essa razão fizemos nossa obra experimental (imprevisível). a) Usamos operações ao acaso. Vendo que elas eram úteis somente onde havia uma limitação definida do número de possibilidades, b) usamos composição indeterminada em relação à sua execução (caracterizada em parte pela independência das partes de cada executante — sem partitura). Vendo que isso só era útil quando havia chance de conscientização da parte de cada executante, c) usamos execução indeterminada em si mesma.

Cortando nosso caminho pela floresta, tentando, para nosso próprio bem, dar a impressão de que nossa visita nunca ocorreu. Nossas mentes já estão mudadas (e eles sabem disso: por isso nos chamam de frios e desumanos); o que resta a ser feito é descobrir quais as ferramentas que estão à nossa disposição e como usá-las de modo que nosso objetivo nunca seja visto a distância, mas permaneça dentro de cada um de nós, de forma que onde quer que a gente vá, segundo o próprio desejo, em todas as direções ao mesmo tempo, ele vá com a gente, polimorficamente. Eles falam de evolução. Onde está o sentido de proporção? Papo, papo, papo: é isso que a gente tem de aturar? O que é preciso é ouvir o que você diz, de sorte que o despropositado da audição possa penetrar de alguma forma naquilo que você está dizendo. Ele usava a palavra latente e dizia que isso era quando ele era capaz de entender. Como, em nome dos céus, alguém pôde ter a ideia de que a proporção ocorresse num objeto fora de sua cabeça? Um pouco de flexibilidade mental, e a gente é capaz de vê-la em toda parte que olhar. Ela reclamou da posição da árvore na ilha, e nós todos rimos. Não interessa a percepção das proporções das coisas fora de nós, mas a experiência da identificação com tudo que está fora de nós (isto é, obviamente, uma impossibilidade física: por isso é que é uma responsabilidade mental). Quando a gente fala de algo da nossa experiência, eles respondem dando provas de que exatamente a mesma coisa aconteceu com eles. A conversa devia ser mais rica, cada observação desdobrando ideias insuspeitadas e giros de pensamento. Nosso sentido de proporção não é mais violado agora como era antes, assim como a mais comum variedade de qualquer coisa é hoje em dia uma experiência rara. Ainda carregamos alguns preconceitos dependurados, e, se não os removemos por nossa conta, caros amigos chegam e fazem isso por nós.

Com o que é que estou mexendo quando mexo com proporção? É ir à loja comprar alguma coisa? Estandardização e produção em massa e embalagens (essa foi sua mais extraordinária evidência) para empacotar comestíveis para distribuição em toda parte do globo? Mas olhe bem. Essa ideia (e cada uma das outras também, no mais puro estilo mediterrâneo) é planetária: o projeto não é sobre espaço, mas sobre empacotar coisas tão eficientemente que o espaço é esgotado. Há exemplos na construção de navios, e a gente pode certamente encontrar outros nas máquinas que estão hoje em órbita na Terra. Mas eu suspeito que meu pai está certo: que as viagens espaciais serão facilitadas, não indo contra a gravidade, mas indo com o campo — não o gravitacional, mas o eletrostático universal. Não será necessária grande despesa nem força. No perdulário estilo americano, a gente sairá para o espaço ineficientemente, i.é., com bastante largueza no veículo, pra gente não se sentir constrangido durante a viagem. Ademais, esse desperdício de espaço será uma condição *sine qua non*: o próprio tamanho determinará se o confortável passeio é factível. Por outro lado, você poderia dizer que a gente encontra em outro ponto a naturalidade da proporção, uma lei da natureza. Não há dúvida de que há um limiar em todas as coisas, mas uma vez transposta a porta — não há necessidade de ficar lá como que paralisado — as regras desaparecem. Isso não está longe do mundo da alta-fidelidade que, em sua tresloucada busca de perfeição, está inintencionalmente revelando para ele os lépidos passos musicais a serem dados, e em detalhe. Não é preciso dizer que esses passos não estão somente na direção oposta (quando você diz faça, eu não faço), eles estão em todas as direções. Quando alguém fala informativamente, com precisão, sobre como algo deve ser feito, ouça, se puder, com o maior interesse, sabendo que sua fala descreve uma única linha numa esfera de iluminada atividade potencial, que cada uma de suas medidas existe num campo largamente aberto à exploração.

Com esse ponto de vista, a gente encontra fertilidade em tudo que é impróprio, desde que seja prático. (Quero dizer: não pretendemos simplesmente não fazer nada.) Exagere a não necessidade de motivos posteriores: considere qualquer tipo de sucesso um fracasso desastroso. (Cuidado pra não perder o que não está na sua cabeça.) Evidentemente, eles perderam seu sentido de proporção: estouraram com tudo e ainda só apresentaram um fragmento. O resultado é que nada tem o tamanho correto. Um engano óbvio. Contudo, o fato de que eles são pessoas brilhantes está provado pela original e útil organização de números para os dias, semanas e meses.

- -

Eu tinha doze anos. Tirei minha bicicleta e rodei para a KFWB. Eles disseram: "O que é que você quer?" Eu disse: "Eu gostaria de fazer um programa semanal de rádio para os escoteiros." Eles disseram: "Você é um Águia?" Eu disse: "Não, eu sou um Novato." Eles disseram: "Os escoteiros te mandaram?" Eu disse: "Não, simplesmente eu tive a ideia e vim aqui." Eles disseram: "Bem, dá o fora." Então eu fui à KNX. Eles gostaram da ideia e arrumaram um tempo para o primeiro programa. Então, eu fui aos escoteiros, contei-lhes o que tinha acontecido, e pedi sua aprovação e cooperação. Eles disseram que era bom fazer o programa, mas que eles não cooperariam. De fato, não o fizeram. Toda vez que eu pedia a banda dos escoteiros, eles diziam Não. Individualmente, todos os escoteiros prestavam seus serviços prazerosamente. Havia sopranistas; solistas de pistão, trombone e piano; e escoteiros que falavam de suas experiências de acender fogo e amarrar cordas. O volume de fãs crescia todos os meses. Depois de dois anos, a organização procurou a KNX e disse que eles nunca tinham autorizado o programa, e pediram que eu fosse posto pra fora, sendo eles admitidos. Eles foram. A banda finalmente tocou. Algumas semanas depois, a KNX tirou o programa do ar.

• • •

Quando Valerie Bettis entrou para o cinema, alguém a entrevistou e lhe perguntou como é que ela se sentia com o sucesso. Ela disse: "O que é que você quer dizer? Eu sempre fui um sucesso."

• • •

Indicando os cinco carros no jardim, a faxineira disse que eram destroços de trombadas que seu filho dera no ano passado, que ele pretendia reunir partes deles para fazer um único carro utilizável para ela. "A única coisa que não temos", disse ela, "é um bom par de faróis. Você sabe, é muito difícil a gente escapar de uma trombada com os faróis perfeitos."

Desde o outono de 1965, eu venho usando dezoito ou dezenove histórias (variando sua seleção de espetáculo para espetáculo) como um acompanhamento irrelevante para a jovial dança de Merce Cunningham, *Como passar, chutar, cair e correr*. Sentado à beira do palco, a um lado, numa mesa com microfone, cinzeiro, meus textos e uma garrafa de vinho, eu conto uma história por minuto, deixando passar alguns minutos sem nenhuma história. Alguns críticos dizem que eu roubo o show. Mas isso não é possível, porque roubar é algo que já não se faz. Muitas coisas, onde quer que se esteja, o que quer que se faça, acontecem ao mesmo tempo. Elas estão no ar; pertencem a todos nós. A vida é abundante. As pessoas são poliatentas. Os dançarinos provam isso: eles me dizem depois, na coxia, quais as histórias que particularmente lhes agradaram.

Muitas das histórias que estão neste livro podem ser encontradas abaixo. (As primeiras trinta constituem o texto de uma palestra intitulada *Indeterminação: Novo aspecto da forma na música instrumental e na música eletrônica*, que foi proferida na Feira de Bruxelas em 1958. Foram impressas sob esse título na *Die Reihe* nº 5 [Edição alemã copyright © 1959 da Universal Edition A.G., edição inglesa copyright © 1961 da Theodore Presser Company.] e são aqui reimpressas com autorização.) Outras histórias aparecem em outros lugares, dando, ao que se espera, o que artigos isolados em jornais às vezes dão: uma oportunidade para mudar de ideia.

COMO PASSAR, CHUTAR, CAIR E CORRER

Uma noite, quando eu ainda morava na esquina de Grand Street e Monroe, Isamu Noguchi foi me visitar. Não havia nada na sala (nem móveis, nem pinturas). O chão estava coberto com uma esteira de cacaueiro. As janelas não tinham nem forro nem cortina. Isamu Noguchi disse: "Um sapato velho ficava lindo nesta sala."

• • •

Provavelmente vocês já sabem aquela dos dois monges, mas de qualquer forma vou contar. Um dia, eles estavam caminhando, quando chegaram a um riacho onde havia uma moça esperando, pretendendo que alguém a ajudasse a atravessar. Sem hesitar, um dos monges pegou-a e a carregou, colocando-a a salvo do outro lado. Os dois continuaram caminhando, e, depois de algum tempo, o segundo, não resistindo, disse ao primeiro: "Você sabe que não nos é permitido tocar nas mulheres. Por que você carregou aquela mulher para atravessar o riacho?" O primeiro replicou: "Ponha-a no chão. Eu fiz isso há duas horas."

• • •

Uma vez, quando vários de nós íamos de carro para Boston, paramos num restaurante de beira de estrada para almoçar. Havia uma mesa perto de uma janela de canto, de onde podíamos, todos, olhar e ver uma lagoa. As pessoas estavam nadando e mergulhando. Havia dispositivos especiais para escorregar pra dentro d'água. Dentro do restaurante havia um *jukebox*. Alguém pôs uma moeda nele. Observei que a música que saiu dele acompanhava os nadadores, embora eles não a ouvissem.

• • •

Um dia, as janelas estavam abertas, Christian Wolff tocava uma de suas peças ao piano. Ouviam-se sons de trânsito, buzinas de barcos, não só durante os silêncios da música: por serem mais fortes, era mais fácil ouvi-los do que os próprios sons do piano. Posteriormente, alguém pediu a Christian Wolff para tocar a peça de novo, com as janelas fechadas. Christian Wolff disse que ele gostaria, mas que, realmente, não era necessário, já que os sons ambientais não eram de forma alguma uma interrupção da música.

• • •

Uma noite, não tendo nada o que fazer, eu estava caminhando pelo Hollywood Boulevard. Eu parei e olhei a vitrina de uma papelaria. Havia uma caneta mecanizada suspensa no espaço de tal forma que, quando um rolo mecânico passava por ela, executava os movimentos dos mesmos exercícios de caligrafia que eu tinha aprendido quando criança, no terceiro ano. Colocado centralmente na vitrina, havia um anúncio explicando as razões mecânicas para a perfeição da operação da pena mecânica suspensa. Fiquei fascinado, porque tudo estava dando errado. A pena estava estraçalhando o papel e esparramando tinta por toda a vitrina e sobre o anúncio, que, apesar de tudo, permanecia legível.

• • •

Foi depois que fui para Boston que entrei na câmara anecoica da Universidade de Harvard. Todos os que me conhecem, conhecem esta história. Eu a conto sempre. De qualquer forma, naquela sala silenciosa, eu ouvi dois sons, um agudo, outro grave. Mais tarde, perguntei ao engenheiro encarregado por que ouvia aqueles sons, se a sala era tão silenciosa. Ele disse: "Descreva-os." Assim fiz. Ele disse: "O agudo era o seu sistema nervoso em funcionamento. O grave era o seu sangue em circulação."

• • •

Anos atrás, em Chicago, pediram-me para acompanhar duas dançarinas que estavam proporcionando entretenimento num baile das mulheres de negócio, na YWCA.[15] Depois do espetáculo, ligaram o *jukebox* para que todos pudessem dançar: não havia orquestra (estavam economizando dinheiro). Mas o que se seguiu ficou muito caro. Um dos braços do *jukebox* colocou um disco no prato. O braço com a agulha moveu-se para uma posição extraordinariamente elevada. Após uma curta pausa, desceu rápida e pesadamente sobre o disco, despedaçando-o. Entrou outro braço na jogada e removeu os escombros. O primeiro braço colocou outro disco selecionado no prato. O braço de tocar subiu de novo, desceu depressa, estraçalhando o disco. O entulho foi removido pelo terceiro braço. E assim por diante. E ao mesmo tempo, todas aquelas luzes coloridas piscando, associadas com *jukeboxes*, funcionavam perfeitamente, tornando fascinante toda a cena.

• • •

Depois que terminou de traduzir para o alemão a primeira palestra que dei em Darmstadt, em setembro passado, Christian Wolff disse: "As histórias no fim são muito boas. Mas, provavelmente, eles vão dizer que você é ingênuo. Espero que você possa explodir essa ideia.

• • •

Lá em Greensboro, Carolina do Norte, David Tudor e eu fizemos um programa interessante. Tocamos cinco peças, três vezes cada uma. Eram a *Klavierstück XI*, de Karlheinz Stockhausen, o *Duo para pianistas*, de Christian Wolff, *Intermission 6*, de Morton Feldman, *4 Sistemas*, de Earle Brown, e as minhas *Variações*. Todas essas peças eram compostas de várias maneiras, mas tinham em comum a indeterminação na execução. Cada execução é única, tão interessante para compositores e executantes quanto para o público. Por isso, todos se tornam ouvintes. Eu expliquei tudo isso ao público antes de começar o programa musical. Destaquei o fato de estarmos acostumados a pensar em uma peça de música como um objeto apto a ser entendido e subsequentemente avaliado, mas que aí a situação era bem outra. Essas peças, eu disse, não são objetos, mas processos, essencialmente sem propósito. Naturalmente, então, tive de explicar o propósito. Eu disse que os sons eram somente sons, e que se eles não fossem somente sons nós faríamos (eu estava usando, naturalmente, o *nós* editorial), nós faríamos tudo para tomar uma providência na próxima composição. Disse que, desde que sons eram sons, isso dava às pessoas que os ouvissem a chance de ser pessoas, centradas em si mesmas, onde elas realmente estão, não artificialmente "desligadas" na distância, como estão acostumadas ao tentar imaginar o que está sendo dito por algum artista por meio de sons. Finalmente, disse que o propósito da música sem propósito seria conseguido se as pessoas aprendessem a ouvir. Que quando elas ouvissem, deviam descobrir que preferiam os sons da vida cotidiana àqueles que hoje ouviriam nos programas musicais. Que tudo isso estava bem, pelo menos no que me dizia respeito.

Mas para voltar à minha história. Uma moça do colégio de lá foi depois à coxia e me contou que algo maravilhoso tinha sucedido. Eu disse: "O quê?" Ela disse: "Uma das estudantes de música está pensando pela primeira vez na sua vida." Depois, no jantar (tinha sido uma matinê), o Chefe do Departamento de Música me contou que, quando ia saindo da sala de concertos, três dos seus alunos o chamaram de lado dizendo: "Venha cá." Ele foi. "Que é que há?" Uma moça disse: "Ouça."

Durante esse concerto de Greensboro, David Tudor e eu ficamos um pouco atrapalhados. Ele começou a tocar uma peça e eu comecei outra completamente diferente. Eu parei, já que ele é o pianista que é, e fiquei lá sentado, ouvindo.

• • •

Quando falei a David Tudor que esse papo sobre música não era nada mais do que uma série de histórias, ele disse: "Não se esqueça de botar algumas graças divinas." Eu disse: "O que é que, em nome dos céus, você quer dizer com graças divinas?" "Bênçãos", ele disse. "Que bênçãos? Deus abençoe vocês todos?" "Sim", disse ele, "como dizem nos sutras: 'Isto não é conversa fútil, mas a maior das verdades.'"

• • •

Havia um americano de Seattle que foi ao Japão comprar biombos. Foi a um mosteiro onde tinha ouvido dizer que havia alguns muito especiais, e conseguiu uma entrevista com o Superior, o qual, entretanto, não disse uma palavra durante o tempo em que estiveram juntos. Através de um intérprete, o americano comunicou seus desejos, mas não recebeu comentário de espécie alguma do Superior. Todavia, na manhã seguinte, muito cedo, recebeu um telefonema do próprio Superior, que demonstrou falar perfeitamente o inglês e disse que o americano não só poderia levar os biombos que queria por um certo preço, mas que, além disso, o mosteiro possuía um velho portão de ferro que ele também poderia levar. O americano disse: "Mas que raios vou fazer com um velho portão de ferro?" "Estou certo de que o senhor poderia vendê-lo a uma estrela de Hollywood", replicou o Superior.

• • •

Já tocamos a *Música de inverno* um bocado de vezes. Perdi a conta. Quando a tocamos pela primeira vez, os silêncios pareciam muito longos e os sons pareciam realmente separados no espaço, sem se obstruir mutuamente. Em Estocolmo, porém, quando a tocamos na Ópera, como interlúdio dentro do programa de dança apresentado por Merce Cunningham e Carolyn Brown, no começo de outubro, observei que ela tinha se tornado melódica. Christian Wolff profetizou isso alguns anos atrás. Ele disse — estávamos andando e falando pela Rua 17 — ele disse: "Não importa o que a gente faça, acaba sendo melódico." No que me diz respeito, isso aconteceu a Webern anos atrás. Karlheinz Stockhausen uma vez me disse — estávamos em Copenhague: "Eu exijo duas coisas de um compositor: invenção e que me surpreenda."

• • •

Dois monges chegaram a um rio. Um era hindu, o outro, zen. O indiano começou a cruzar o rio caminhando pela superfície da água. O japonês ficou irritado e pediu ao outro para voltar. "O que é que há?", disse o indiano. O monge zen disse: "Esse não é o jeito de atravessar o rio. Siga-me." Ele o levou a um lugar em que a água dava pé e eles seguiram, com dificuldade, por ali.

• • •

Outro monge estava caminhando, quando encontrou no caminho uma senhora chorando. "Que é que há?", disse ele. Ela respondeu, soluçando: "Perdi o meu filho." Ele lhe bateu na cabeça e disse: "Tome, isso lhe dará uma razão pra chorar."

• • •

Em Nova York, quando eu estava me preparando pra escrever as partes orquestrais do meu *Concerto para piano e orquestra*, que foi executado no dia 19 de setembro de 1958 em Colônia, visitei cada executante, descobri o que ele podia fazer com seu instrumento, pesquisei com ele outras possibilidades, e depois submeti todos os resultados a operações ao acaso, acabando com uma parte que era inteiramente indeterminada em relação à execução. Depois de um ensaio geral, durante o qual os músicos ouviram o resultado de suas diversas atuações, alguns deles — não todos — introduziram na execução para o público sons de uma natureza que não estava nas minhas notações, caracterizados, em sua maior parte, pelas suas intenções, que se tinham tornado idióticas e não profissionais. Em Colônia, pretendendo evitar esse lamentável estado de coisas, trabalhei com cada músico individualmente, e o ensaio geral foi silencioso. Devo esclarecer que o regente não tem partitura, mas somente a sua parte, de modo que, embora afete os outros executantes, não tem controle sobre eles. Bem, de qualquer forma, o resultado foi, em alguns casos, tão não profissional em Colônia como em Nova York. Preciso encontrar um meio de fazer com que as pessoas sejam livres sem se tornarem imbecis. De forma que sua liberdade os torne nobres. Como farei isso? Eis a questão.

Questão ou não (isto é, se o que eu farei responderá ou não à situação), meu problema se tornou mais social do que musical. Era isso o que Sri Ramakrishna queria dizer quando falou para o discípulo que lhe perguntou se devia abandonar a música e segui-lo: "De forma alguma; continue sendo um músico; a música é um meio de transporte rápido para a vida perpétua"? E, em uma palestra que dei em Illinois, acrescentei: "Para a vida, ponto."

• • •

As pessoas vivem dizendo que o Leste é o Leste e o Oeste é o Oeste, e que você tem de evitar de misturá-los. Logo que comecei a estudar a filosofia oriental, eu também fiquei preocupado se valia a pena estudá-la. Isso já não me preocupa. Em Darmstadt, eu estava falando das causas da pulverização e da fragmentação: usando, por exemplo, sílabas em lugar de palavras e letras em lugar de sílabas, num texto vocal. Eu disse: "Separamos as coisas a fim de que elas possam se tornar o Buda. E se essa frase lhes parecer muito oriental", disse eu, "Lembrem-se daquela frase dos primitivos gnósticos cristãos: 'Rache o bastão e lá está Jesus!.'"

• • •

Bem, desde Darmstadt, escrevi duas peças. Uma no transcurso de um programa de quinze minutos de TV em Colônia. A outra é *Music Walk* [Passeio Musical], escrita em duas horas, em Estocolmo. Nenhuma das peças usa operações ao acaso. A indeterminação, no caso de *Passeio musical*, é tal que não posso predizer absolutamente o que irá acontecer, antes que ela seja executada. Não são necessárias operações ao acaso quando as ações a serem feitas são desconhecidas. *Passeio musical* consiste em nove folhas de papel com pontos e uma folha sem nenhum ponto. Um retângulo menor de plástico transparente, com cinco linhas paralelas bem-espaçadas, é colocado sobre isso, ativando alguns dos pontos sem potencialidade. As linhas são ambíguas, referindo-se a cinco categorias de som em qualquer ordem. Anexos, pequenos quadrados de plástico adicionais, com cinco linhas não paralelas, que podem ser usados ou não para posteriores determinações relativas à natureza dos sons a serem produzidos. As posições de tocar são várias: no teclado, no fundo do piano, num rádio. A gente muda, a qualquer momento, de uma para outra dessas posições, mudando, por isso, a relação entre os pontos e as linhas paralelas.

• • •

Kuang-tsé salienta que uma mulher bonita que dá prazer aos homens só serve para afugentar os peixes quando pula na água.

• • •

Uma vez, quando eu ia dar uma conferência no Teachers College, em Colúmbia, perguntei a Joseph Campbell se eu devia dizer alguma coisa (agora me esqueço o que é que eu estava pensando em dizer). Ele disse: “Onde está o ‘devia’?”

• • •

Você nunca observou como você lê um jornal? Saltando, deixando artigos sem ler, ou lendo só parcialmente, virando pra cá e pra lá. Não, absolutamente, da maneira como se lê Bach em público, mas precisamente da maneira que se lê em público o *Duo II para pianistas*, de Christian Wolff.

• • •

Um chinês (conta Kuang-tsé) foi dormir e sonhou que era uma borboleta. Mais tarde, quando acordou, perguntou-se: “Será que sou uma borboleta sonhando que sou um homem?”

• • •

Uma senhora esquimó, que não falava nem compreendia uma palavra de inglês, ganhou uma vez uma viagem de graça para os Estados Unidos e mais US$500, desde que acompanhasse um defunto que estava sendo remetido para a América para ser sepultado. Ela aceitou. Depois de chegar, ela observou e percebeu que as pessoas que entravam na estação da estrada de ferro deixavam a cidade e ela nunca mais as via. Obviamente, elas viajavam para algum outro lugar. Ela observou também que, antes de partir, elas se dirigiam ao guichê de bilhetes, diziam algo ao vendedor e pegavam um bilhete. Ela ficou na fila, ouviu cuidadosamente o que dizia a pessoa na frente dela ao vendedor, repetiu a mesma coisa e viajou para onde essa pessoa ia. Dessa forma ela andou pelo país, de uma cidade para outra. Depois de algum tempo, seu dinheiro estava acabando, e ela decidiu fixar-se na cidade seguinte a que ela chegasse, arranjar um emprego e lá viver o resto da vida. Mas quando ela chegou a essa decisão, estava numa pequena cidade de Wisconsin, de onde ninguém estava partindo naquele dia. Todavia, nessas andanças ela aprendera um pouquinho de inglês. Assim, finalmente, ela foi ao guichê de bilhetes e disse ao homem: “Para onde o senhor iria se fosse para algum lugar?” Ele nomeou uma pequena cidade de Ohio, onde ela vive até hoje.

• • •

Quatro ou talvez cinco anos atrás, eu estava conversando com Hidekazu Yoshida. Estávamos no trem de Donaueschingen para Colônia. Mencionei o livro de Herrigel chamado *Zen e a arte de manejar os arcos;* o clímax melodramático desse livro ocorre com um arqueiro acertando na mosca do alvo apesar de estar em escuridão total. Yoshida me falou que havia uma coisa que o autor esqueceu de destacar, ou seja, que vive atualmente no Japão um arqueiro altamente estimado que nunca foi capaz de acertar na mosca nem na mais clara luz do dia.

• • •

As Quatro Névoas do Caos, o Norte, o Sul, o Leste e o Oeste, foram visitar o próprio Caos. Ele as tratou muito bem, e quando elas estavam pensando em partir, consultaram-se mutuamente sobre como deveriam retribuir a hospitalidade. Já que tinham notado que ele não tinha buracos no corpo, como todas elas (olhos, nariz, boca, ouvidos etc.), decidiram provê-lo de um orifício por dia. Ao fim de sete dias, conta-nos Kuang-tsé, o Caos morreu.

• • •

De vez em quando me aparece um artigo sobre aquele jardim de pedra no Japão, no qual só há um espaço de areia com algumas pedras. O autor, não importa quem seja, começa ou por sugerir que a posição das pedras no espaço segue algum plano geométrico que produz a beleza que a gente observa, ou, não satisfeito com meras sugestões, faz diagramas e análises detalhadas. Assim, quando encontrei Ashihara, o crítico japonês de música e dança (esqueço seu primeiro nome), disse-lhe que eu achava que aquelas pedras podiam estar em qualquer lugar naquele espaço, que eu duvidava que seu relacionamento fosse planificado, que era tal o vazio da areia, que poderia comportar pedras em qualquer ponto. Ashihara já tinha me dado um presente (umas esteiras de mesa), mas então pediu-me para esperar um momento, enquanto ia ao seu hotel. Voltou e me deu a gravata que estou usando agora.

• • •

Um velho rabino na Polônia ou adjacências estava andando numa tempestade de uma aldeia para outra. Não tinha muita saúde. Era cego, coberto de chagas. Eram suas todas as aflições de Jó. Tropeçando em alguma coisa, caiu na lama. Levantando-se com dificuldade, ergueu as mãos para o céu e gritou: "Louvor a Deus! O Demônio está na Terra e fazendo seu trabalho maravilhosamente!"

• • •

Morris Graves tinha um velho Ford em Seattle. Ele removera os bancos e colocara no lugar uma mesa e cadeiras, e assim o carro parecia uma pequena sala mobiliada, com livros, um vaso de flores, e assim por diante. Um dia, dirigiu o carro a uma lanchonete, estacionou, abriu a porta, desenrolou um tapete vermelho na calçada. Depois, passou pelo tapete, entrou e encomendou um hambúrguer. Nesse ínterim, uma multidão se aglomerou, esperando acontecer algo estranho. Entretanto, tudo que Graves fez foi comer o hambúrguer, pagar a conta, voltar para o carro, enrolar o tapete e partir.

• • •

Perguntaram a uma mulher que vivia no campo se tinha sido muito frio o último inverno. "Não muito frio", replicou ela. Depois acrescentou: "Houve só três ou quatro dias que tivemos de ficar na cama o dia inteiro para nos esquentarmos."

• • •

Um herói irlandês, cuja mãe tinha morrido, foi obrigado por sua madrasta a encetar uma jornada a uma ilha d'além-mar e trazer umas maçãs de ouro que lá encontraria. Se não voltasse dentro de um ano, perderia seu direito ao trono, abdicando em favor de um dos seus meio-irmãos. Para sua jornada, foi-lhe dado um miserável pangaré. Assim que partiu, disse-lhe o matungo: "Olhe no meu ouvido. Você encontrará uma bola de metal. Jogue-a na estrada, à nossa frente, e nós a seguiremos aonde quer que ela vá." Sem hesitar, o príncipe fez isso, e assim, prosseguindo ao acaso, passara por muitas situações perigosas. Finalmente, o cavalo disse ao príncipe: "Agora pegue sua espada e corte minha garganta." O príncipe hesitou, mas só por um momento. Assim que matou o cavalo, eis que, pasmem, este se transformou num príncipe, que, a não ser pela aquiescência do herói, teria sido obrigado a permanecer um miserável matungo desgrenhado.

• • •

Um jovem que estava preocupado com sua posição na sociedade, e que estava em vésperas de se casar, fez sua noiva prometer abandonar a cleptomania no futuro. (Ela havia, por exemplo, entrado uma vez no Piggly-Wiggly, apanhado numerosos artigos, tentado sair sem pagar, sido parada e informada item por item do que havia roubado, desistido dos artigos mencionados, cruzado a rua, sentado na calçada e comido um pote de pasta de amendoim que passara despercebido ao funcionário.) Ela prometeu ao noivo que não furtaria mais nada. Mas, anos mais tarde, quando estavam se divorciando, ela lhe contou que quando foram ao joalheiro para comprar os anéis de noivado, ela o havia deixado por um momento, enquanto ele considerava os méritos relativos de dois anéis e, sem ser observada, tinha apanhado um relógio de pulso.

Essa jovem era de uma grande beleza. Quando um amigo seu, que tinha sido tutor da família real japonesa, estava dando uma conferência em Santa Maria, Califórnia, ela estava no fundo da plateia, de pé sobre uma mesa, de salto alto, casaco de pele e uma rosa vermelha nos cabelos negros. Num ponto da palestra, quando o conferencista bateu o olho na moça, reconhecendo-a, ela abriu o casaco, exibindo a mais completa nudez.

• • •

Alguns anos atrás, no dia 30 de maio, Mary Fleming observou uma estranha amanita (tipo de cogumelo) crescendo perto de sua casa em Upper Nyack. Ela apanhou a planta, com raiz e tudo, colocando-a para secar ao sol sobre a sua perua. Um pouco mais tarde, antes de partir para a cidade, ela tirou o cogumelo do carro e o colocou no batente externo de uma janela, também ao sol. Quando fez isso, podia estar pensando, consciente ou inconscientemente, que devia pôr o cogumelo fora do alcance dos seus gatos. Naquele tempo, ela tinha nove gatos. De qualquer forma, quando voltou depois de ter feito o que precisava em Nyack, dois gatos siameses, Pum-Pum, a mãe, e Um-Yen, seu filhote, estavam ocupados em comer a amanita. Três outros gatos, não siameses, estavam observando por perto, interessados no que estava acontecendo. Só deixaram de comer um terço da amanita. Seis horas mais tarde, os siameses estavam doentes. Ficaram com diarreia e vômitos. Em vez de andar, cambaleavam. Sofriam de peristalse. Por fim, ficaram completamente inconscientes. Não podiam se mexer. Quando Mary Fleming os levou ao médico, estavam "como duas tábuas peludas". Deram-lhes injeções de atropina. Recuperaram-se completamente. Doze dias depois caiu uma tempestade. Um-Yen, o filhote, morreu na estrada. A autópsia mostrou que a causa da morte foi um ataque cardíaco. A mãe, Pum-Pum, ainda vive mas nunca mais teve outra ninhada.

Essa é uma história. Há uma versão totalmente diferente. Não foi um gato que morreu na estrada, mas um cão. O que aconteceu foi que, cinco dias antes da tempestade, Mary Fleming foi a Trinidad, onde seu marido estava catando cobras. Lá ficou por um mês. De volta, em julho, ela descobriu que três dos gatos que se tinham recuperado do envenenamento por cogumelos estavam doentes. Isso significa que — desde que Um-Yen já estava morto — ao menos dois dos gatos comuns não só observaram os siameses comendo a amanita, mas também comeram. 2 − 1 + 2 = 3. Os três gatos que estavam doentes em julho foram levados ao médico, que disse que estavam com enterite. Ele conseguiu curá-los. A causa da morte de Um-Yen é desconhecida. Talvez tenha sido a atropina. Já que Mary Fleming estava em Trinidad, não houve autópsia. Uma coisa é certa: Pum-Pum está estéril.

• • •

A casa de Muriel Errera é perto do Palácio Real em Bruxelas. Ela disse que gostaria de oferecer um jantar, convidando quem eu quisesse, além, naturalmente, dos seus amigos. Já que eu estava na parte sul da cidade, perguntei-lhe se gostaria que eu levasse alguns cogumelos. Ela disse: "Certamente." Cheguei à festa com vários cestos. Não me lembro de tudo que encontrei, mas um cesto continha nada menos que *Lepiota* suficiente para as pessoas que lá estariam. Subi de elevador, quatro andares acima, para uma pequena cozinha improvisada. Depois de me assegurar de que podia contar com tudo que eu precisaria para cozinhar, desci outra vez. Encontrei os convidados, tomei alguns drinques e, depois dos primeiros antepastos, subi de novo, dessa vez para cozinhar os cogumelos. Não demorou muito. Entrei com as panelas no elevador e apertei o botão. Assim que deixei o quarto andar, apagaram-se as luzes e o elevador parou. Acendi um fósforo e procurei um botão de emergência, mas não havia nenhum. Fiquei afobado, e comecei a bater na porta do elevador e a gritar. Depois de algum tempo, ouvi vozes, e depois a voz da minha anfitriã. Ela disse que já tinha chamado a empresa que colocara o elevador e se eu queria algo para ler. Eu disse que estava completamente escuro e que eu não precisava ler nada. O técnico não chegou nunca, mas finalmente todos os empregados, inclusive o cozinheiro, o motorista e o porteiro, desceram ao porão e, num esforço conjunto, me levaram de volta, polegada por polegada, ao quarto andar. A primeira coisa que fiz foi requentar os cogumelos. Quando descemos outra vez, Muriel Errera me pediu para não contar nada aos convidados. Quando cheguei à sala de jantar com as panelas fumegantes numa espiriteira, todos estavam comendo a sobremesa.

• • •

No mês de outubro passado, quando o tempo estava terrivelmente seco, fui visitar os Brown em Rochester. Não levei comigo nenhum livro sobre cogumelos, embora soubesse que Nobby e eu passaríamos a maior parte do nosso tempo andando pelos bosques. Onde quer que esteja, ele carrega uma pilha daqueles mapas quadrados da United States Coast e Geodetic Survey. Ele os estuda cuidadosamente e, com sua ajuda, explora os campos conscientemente. Não é um botânico. É mais um andarilho. Ele gosta de uma bela vista e de solver o enigma de como sair dos bosques depois que entra. Ele me levou a uma área pantanosa normalmente impenetrável, mas, devido à estiagem, fácil de explorar naquela época. Lá, para minha surpresa, descobrimos uma branca *Tricholoma*, brotando em anéis maiores do que jamais eu tinha visto. Essa espécie particular era nova para mim. Parecia desejável sob todos os aspectos, e não era áspera ao paladar. Colhemos uma porção, e decidi telefonar a W. Stephen Thomas, para lhe contar sobre o cogumelo e saber de que espécie ele era.

Ele atendeu ao telefone, mas não reconheceu o fungo pela informação que eu lhe dei. Disse que havia um passeio marcado para o dia seguinte, e que alguém no Rochester Club devia conhecer a minha planta. Ninguém conhecia, mas uma pessoa tinha levado o Groves consigo, que eu consultei e tive o prazer de ver ali descrita a minha *Tricholoma.* Era *irinum*, comestível e deliciosa. Eu a servi a vários estudantes da universidade, que vieram no dia seguinte à casa dos Browns para jantar.

Uma semana depois, eu estava de novo em casa catalogando os meus livros sobre cogumelos. Passei por uma reedição de um artigo de Alexander Smith intitulado *Tricholoma irinum.* Smith conta em detalhe como, durante anos, ele encontrou e comeu esse cogumelo sem nenhum efeito de doença, como nunca tivera se arrependido em dá-lo de comer aos outros, até que duas pessoas ficaram seriamente envenenadas com ele. Ele estudou o caso delas cuidadosamente, já que ele próprio fica muitas vezes doente com fungos, mas não com essa espécie. Ele chegou à conclusão de que era o cogumelo, e nada mais do que haviam bebido e comido, na verdade, o responsável pelo envenenamento.

• • •

Certas tribos na Sibéria trocam várias ovelhas por uma *Amanita muscaria* e usam o cogumelo para práticas orgiásticas. As mulheres mastigam o cogumelo cru, e a polpa mastigada é misturada com suco de vacínio. Isso é bebido pelos homens e produz alucinações. Transforma também as relações entre o ego e os ideais sociais. Por isso, a urina daqueles que foram afetados pelo cogumelo tem grande procura e é bebida com prazer, porque contém um volume suficiente da droga para continuar seus ferozes efeitos. Supõe-se que os vikings usavam o mesmo cogumelo para entrarem em frenesi.

Hoje em dia, ouvimos falar de experimentos bioquímicos que usam a *Amanita muscaria* ou outros cogumelos alucinatórios, ou drogas sintetizadas por imitação a eles — experimentos em que professores, estudantes, ou criminosos, se tornam temporariamente esquizofrênicos, às vezes pela novidade, outras puramente por propósitos científicos. Da mesma maneira pela qual logo vamos viajar para a Lua e outras terras e adicionar às nossas conversas telefônicas a prática de nos vermos enquanto falamos, assim a gente fará com a mente o que hoje faz com o cabelo: ela não fará o que quiser, mas nós faremos dela o que nós quisermos. As pessoas num futuro próximo não sofrerão de esquizofrenia; simplesmente ficarão esquizofrênicas se e quando quiserem.

A vida está mudando. Uma das formas pelas quais eu estou tentando mudar a minha é ficar livre dos meus desejos, de modo a não permanecer surdo e cego para o mundo que me rodeia. Quando menciono meu interesse por cogumelos, muitas pessoas me perguntam imediatamente se eu já tive visões. Eu tenho de lhes dizer que sou muito fora de moda, praticamente um puritano, que o máximo que eu faço é fumar como uma chaminé — agora com dois filtros e um cupom em cada maço — e que eu bebo café de manhã, de tarde e de noite. Eu também beberia álcool, mas caí na asneira de ir a um médico que me proibiu de beber. As visões de que ouço falar não me interessam. Dick Higgins disse que comeu uma pequena *muscaria* que o fez ver alguns coelhos. Valentina Wasson comeu os cogumelos divinos no México e imaginou que estava na Versalhes do século XVIII, ouvindo um pouco de Mozart. Sem absolutamente nenhum barato além de cafeína e nicotina, eu estarei amanhã em São Francisco, ouvindo um pouco da minha própria música, e domingo, se Deus quiser, vou acordar no Havaí, com mamões e abacaxis no desjejum. Haverá flores perfumadas, pássaros magnificamente coloridos, pessoas praticando o surfe e (sou capaz de apostar) um arco-íris em algum ponto do céu durante o dia.

Às vezes me ocorre a ideia de que o meu prazer pela composição, ao qual renunciei no campo da música, continua no campo de escrever palavras, e isso explica porque, recentemente, eu escrevo tanto. Eu sei, todavia, que logo, logo vou renunciar a isso também. Admirei Buckminster Fuller quando começou sua palestra na YMCA, em Nova York, na primavera de 1966, dizendo que nunca lia textos preparados porque não queria fazer para seus auditórios o que eles podiam fazer individualmente, por si mesmos, i.é., ler. Sentindo isso, e, convidado pelo *Once Group* para Ann Arbor, com David Tudor, para o seu festival em setembro de 1965, decidi improvisar um papo. David Tudor tinha arrebanhado vários microfones de garganta e de boca, além de outros vários componentes eletrônicos para modular sons. Ele preparou um sistema de som com seis canais, para o qual eu devia ser a fonte sonora. Ele contou com a assistência de Gordon Mumma, compositor e fundador de uma companhia que fabrica componentes para música eletrônica chamada Cybersonics, Inc. Eu escrevi os tópicos, transcritos abaixo, sobre os quais eu estava interessado em falar. (Eu tinha intenção de que houvesse cento e vinte e oito assuntos, mas não cheguei a escrever todos eles.) Pedi também a Robert Ashley, compositor e membro do *Once Group*, para conversar comigo e/ou escolher para esse fim qualquer pessoa da plateia que quisesse fazê-lo. Ele conversou por algum tempo, depois saiu; logo apareceu Bob Rauschenberg, e conversamos. Muito pouco daquilo que foi dito, devido às manipulações do sistema de som de David Tudor e Gordon Mumma, foi entendido pela plateia. A execução ocupou todo o programa (de uma hora e meia a duas horas).

Ocorreu sob o céu da noite, no terraço de um edifício, cujos andares todos, inclusive aquele em que estávamos, eram normalmente destinados ao estacionamento de automóveis. Com a ajuda de várias pessoas, dispus as cadeiras de dobrar de forma que não ficassem em filas, mas que parecessem colocadas ao acaso. Fiquei surpreso ao ver, logo depois que a execução começou, que a plateia se havia organizado em fileiras. Estavam sentados de frente para a marquise que cobria as escadas, um pouco acima deles, no canto do edifício, sobre a qual estávamos David Tudor, Gordon Mumma, Robert Ashley (mais tarde Robert Rauschenberg) e eu, sentados em meio ao equipamento eletrônico. Os alto-falantes envolviam a plateia.

Depois que ficou evidente o sarro em que estavam entrando, um bom número dos presentes saiu. Os que ficaram se entretinham, sentados em pares e círculos informais, enviando delegados à cidade, que voltaram com refrigerantes, cerveja etc.

Por sugestão de Andrea Chiyo, cineasta, minhas listas não foram impressas em colunas ou fileiras, mas espalhadas nas páginas seguintes, mais ou menos como dispusemos as cadeiras em Ann Arbor.

PAPO Nº I

Política-Economia

A peça para a fita Feldman

Perdido nos bosques

Zen

Paisagem imaginária nº1

Música convencional/discurso

Sistema de sons/música

A série

Sociedade tribal/Música

Williams Mix (Barrons etc.)

Fuller

McLuhan

Brown, N.O./Falar com as línguas

Cogumelos

Jantar/Microfone/Psicossomática

Havaí/ilha dividida

Motel no lago Nipissing

Sociedade Micomarinha

TV

Espécie *Leccinum*

Telefone

Bob Rauschenberg

Bom dia, senhorita Dove

Carta a Boucourechliev; selos

LSD

Comerciais

Diário

Variações V

Amanita muscaria

Charlotte Moorman

Ensino

Comunidade

Levantar grana

Carvalho venenoso/exame físico

Geleia de uva-do-monte

Revisão do tempo/estudante

Livro sobre cogumelos/histórias

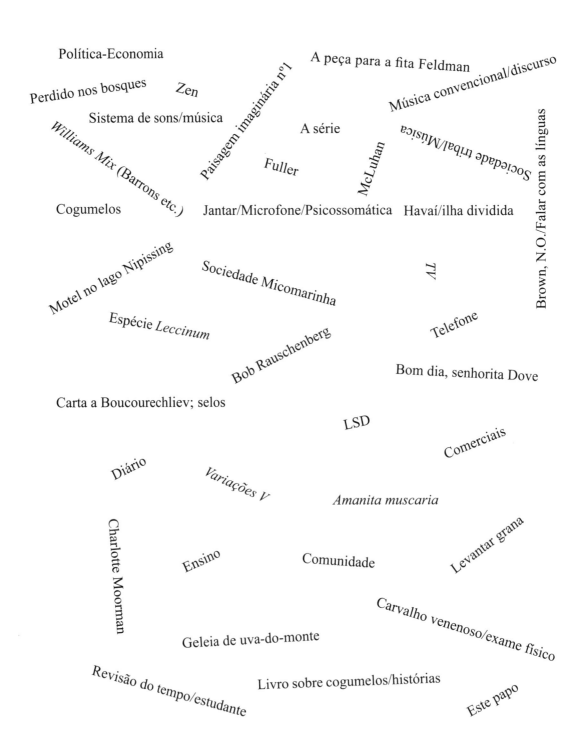

Este papo

Medições

Audição com os pés

Emma Lake/Black Mountain

Animais/Índia

Variações IV/copyright

Alloways/Jasper Johns

Ives

Solo para piano

Regina/vida subterrânea

Pão índio

Ritmo etc.

Seriamente,

Entrevista de Tulane

Betsy

A mudança do Polo Norte

Ichiyanagi

Kaprow/*Peça de teatro*

Diário

Julgamento/curiosidade

Tosse/garganta limpa

O que é uma partitura?

Williams Mix

Escrita vs. Música

Ouriços-do-mar/vibrafone

I Ching

Aaron Copland

Anúncios

Mudanças no desjejum

Francês/Linguagem

Jasper Johns	Agenda	Falha de nome/Omissão de nomes
Duchamp	A voz como poesia	NYC/Índia. Chocado?
Catálogo telefônico	"Mais como um biscoito"	Estudante do tempo
Jornal/Discussão	Carta de Paula	Telefone de Judith/interrupção
Colheita de comida	Mudanças nos aquários	Charleston, West Virginia
Carta	Chofer de táxi em demanda	Empacotamento/problema indiano

Mudança de cidadania

Visita de estrangeiros/de carro para Ann Arbor

Serviço de habitação/Fuller

Feira de NYC/Feira de S. Francisco

Muita gente/Emma Lake

Desenhos de índios: florais, geométricos

Concertos nas plataformas do metrô

Vida no ar: como se o ar

Coincidência/exemplo?

Sessenta e um serviços globais

Maine/medo de saber demais

Jay Watt/morrer em seis meses/gatos

Tortas no Canadá/sem distribuição de comida

Gostos e aversões quanto a cogumelos

Variações V

Noção da mudança de estações

Pintura/arcada (de instrumentos de corda)

100 mph/observações de David Tudor

Artista residente/bom, mas não residente, melhor

Suzuki/estrutura da mente

Poema japonês ao cogumelo

Desaparecimento da sintaxe/Joyce

Eletrônica quando perdido nos bosques

O que precisamos saber agora é: de quantos serviços precisamos?

Fungos de Copland: sem efeito diatônico

Se é preciso pagar, muitos cartões de crédito/se não, basta um

Conferência: O que sabemos? E o que precisamos saber?

Política Externa Americana/Fullbright

Conferência sobre sexo nos fungos/destruição da organização em peneira

"Uma coisa leva a outra"

Variação não dirigida (entra-sai) (mesmo-novo)

Desista da equação de trabalho-dinheiro-virtude

Atitude científica a respeito dos cogumelos

Ann Arbor/catálogo telefônico?

Receita para *Marasmius oreades*

Discussão vs. acordo

Teatro circular/plateia circular.

Agora que o texto seguinte está escrito (ele foi publicado no verão de 1967 pela Something Else Press, New York City, como parte da Great Bear Pamphlet Series, usando uma gama de cor sugerida por Dick Higgins), eu tenciono, se as circunstâncias permitirem, escrever posteriormente sobre o mesmo assunto. Antes do Natal, visitei minha mãe, que vive num sanatório. (Dois anos atrás ela sofreu um violento ataque do coração que a deixou inválida.) Eu lhe disse que tinha escrito três textos sobre a melhoria do mundo. Ela disse: "John! Como você *ousa*? Você devia estar envergonhado!" Depois acrescentou: "Estou surpresa com você." Perguntei-lhe se, à vista das condições mundiais, ela não achava que havia lugar para melhorias. Ela disse: "Certamente que há. Isso é uma coisa sensata."

DIÁRIO: COMO MELHORAR O MUNDO (VOCÊ SÓ TORNARÁ AS COISAS PIORES) CONTINUADO EM 1967

LXI. Os cidadãos dos EUA são seis por cento
da população do mundo, consumindo sessenta
por cento dos recursos do mundo. Se os
americanos tivessem nascido porcos em lugar de homens
não teria sido diferente.
Quando acham um deles aceitável, as pessoas
dizem: "Você nem parece americano."
Ela disse que as pessoas com quem ela falava de
serviços globais (e a noção de
serviços deveria conduzir à vida global
sem guerra), diziam: Sim, naturalmente,
está certo. Mas como é que vai
acontecer? Perfuração profunda: um mínimo
ângulo e, sem ter essa intenção, você está
pegando petróleo debaixo da propriedade de
alguém. O mercador de ouro veneziano
de Erik Satie: Ele abraça o saco de ouro,
tira algumas peças, beija-as,

guardando-as cuidadosamente. Depois de outros atos financeiro-eróticos, incapaz de resistir, ele penetra no saco por sua vez. Saindo dele pouco depois, descobre que está com dor nas costas. **LXII. Nós abrimos nossos olhos e ouvidos, vendo a vida todo dia, excelente como ela é. Essa constatação já não precisa de arte, embora sem arte tivesse sido difícil (ioga, zazen etc.) chegar a ela. Após essa constatação, a gente reúne energias, as nossas e as da natureza, a fim de tornar este intolerável mundo suportável.** Robôs. *Ivan Sutherland: ". . . não é suficiente que um computador imprima uma resposta. A resposta só é útil quando leva a uma nova compreensão humana . . . O uso generalizado de entradas e saídas gráficas com computadores conduzirá a um maior progresso na produtividade da engenharia, na ciência e na educação."* LXIII. Nós falamos de Gaudí. Mies van der Rohe admirava as construções de Gaudí, dentro e perto de Barcelona, e o Parque Güell. Laura disse que, dirigindo o carro do escritório para casa, Mies se mostrava misantrópico. Ele dissera que há muito poucas pessoas boas no mundo. (Duchamp falando sobre a mente humana, destacou quão pobremente ela trabalha.) Aspecto isolado da natureza humana que conduz ao fato de ninguém (nem mesmo os que se dedicam à sua obra) saber quantas peças de Satie, da Música de mobiliário, foram escritas, nem onde estão elas. Chamemos isso de negligência

coletiva. Existem, disseram-nos,
áreas não utilizadas no cérebro. Elas
deviam ser postas em funcionamento. LXIV. Dias
gastos caçando alimento não sintético. Tornando-nos,
ao pôr do sol, artistas na cozinha.
Gastando outros dias fazendo coisas não comestíveis
(pintura, teatro etc. e as
ciências), prestando atenção a coisas
já feitas (clássicos, história,
humanidades). **Plásticos.** Waddington: "...
a riqueza da vida individual depende, na maior
parte, de empreendimentos
construtivos ... que são de tão larga
escala que só a sociedade como um todo pode
executar." Velocidade sem esforço
(setecentas e cinquenta milhas por hora):
pessoas lançadas através dos túneis, de
Boston para Nova York. Parando sem esforço:
o túnel sobe a montanha. Interrogado sobre
religião, ele disse que nunca disse nada
contra ela: "É a única coisa que
mantém as pessoas na linha." E a
arte? A arte, primitivamente escrava da religião,
é agora atividade policial? Precisamos de uma
moralidade puramente secular. **LXV. Pia Gilbert,
nascida na Alemanha do Sul, entrou num
táxi em Nova York. O motorista
disse: "Sou um muçulmano negro." Ela
replicou: "Lamento ouvi-lo." "A senhora
não crê na verdade?" "Isso
não é a verdade." "A senhora não gosta
dos negros?" "O que o faz pensar que eu
não sou uma negra?"** O que a coisa é, é um campo.
Parece que teremos redes nesse campo.
Linhas ziguezagueando numa

multiplicidade de níveis. Haverá, como sempre, o nada-no-meio. **Relógios de pulso com despertador que nos digam, ao viajarmos, quando precisamos comer (não quando a aeromoça nos dá alimento, mas quando, de acordo com nosso próprio sistema, precisamos comer). Nova função para os médicos: ajustar nossos despertadores de pulso.** LXVI. "Eles dançam o mundo como será. . . é, agora, quando dançam." Técnica. Disciplina. **Basicamente, não é uma questão de gosto. É o contrário. Cada coisa no mundo nos pergunta: "O que faz você pensar que eu não sou algo de que você gosta?"** *O uso de drogas para facilitar a experiência religiosa é contra a corrente dos tempos. (Ele perdeu o interesse no centro de música em fita, seus experimentos e execuções. Foi para o deserto do Sudoeste. Livrou os outros de sua presença.)* Mendicância: difícil profissão. Na Índia, os pais mutilam as crianças, produzindo corpos que atraiam a piedade. Seus olhos são olhos de ovelha; sua mente é soberba. Decidi não dar um tostão. Depois dei (depois de ler uma carta que Satie escreveu pouco antes de morrer, pedindo um pouco de dinheiro, o bastante para ele poder sentar numa esquina e fumar seu cachimbo). **LXVII. Perguntei à doutora espanhola o que ela pensava da mente humana num mundo de computadores. Ela disse que os computadores estão sempre certos, mas a vida é que não anda muito certa.** A defesa que Pia fez da propriedade foi tocante.

Como ela explicou, ela e pessoas que ela conhecia
tinham sofrido nas mãos dos outros. Ela
disse que por meio das coisas que elas apreciam
e adquirem, as pessoas se situam com
relação à sociedade. Duchamp: A propriedade
está na base de tudo. Enquanto você não renunciar
à propriedade, mudanças sociais radicais
são impossíveis. A gente devia se
livrar de Deus, ou encontrar um Outro
que não permitisse mencionar
nossa confiança nele nas moedas correntes. Ou a taxação podia
ser aumentada, a ponto de que ninguém
tivesse mais dinheiro nenhum. Nesse caso,
poderíamos conservar Deus. LXVIII. Definição
da palavra "cosmopolita": 1.
Pertencente a todo o mundo. 2. Que está em casa,
em qualquer país; sem vínculos locais
ou nacionais. 3. Composto de
elementos reunidos de todas ou
várias partes do mundo. Bertrand
Russell pergunta aos cidadãos americanos: Vocês
podem justificar o uso que faz seu governo, no
Vietnã, de produtos químicos e gases venenosos, o
bombardeio exaustivo do país
inteiro com gasolina em geleia e
fósforo? Napalm e fósforo
queimam até que a vítima seja reduzida a
uma massa efervescente. **Ramakrishna disse:**
Se tivessem de escolher entre ir para o céu
e ouvir uma palestra sobre o céu, as pessoas
escolheriam a palestra.
Roteiro Eletrônico. Os Engenheiros
Focalizam a Luz na Tela para Desenhar Visualmente
via Computador. LXIX. Sir Charles Dodds:
". . . suponha que o câncer e os
problemas cardiovasculares estejam resolvidos.

. . . Veremos as instituições cheias de
cientistas das várias disciplinas
biológicas, dedicando seu tempo ao
estudo do processo de envelhecimento." Diz ele
que não há evidência de que a idade,
acompanhada de degeneração, seja ou
não um processo natural. Todas
as mortes podem ter sido antinaturais, devidas
a causas estranhas. **Série de palestras sobre
a guerra (uma série de cúpula): palestras a
serem dadas pelos chefes de Estado, dizendo
o que quiserem sobre o assunto
geral da guerra e por que não se deixa
de fazê-la.** Desgosto. Todos os
provérbios que nos passam pela cabeça
deviam ser examinados com um espírito de
ceticismo, reforçando-se, em alguns casos,
seu oposto, p. ex., em lugar de
"Uma pedra rolante não se cobre de musgo"
estabelecer: "Ele não deixa a relva
crescer sob seus pés." *LXX. Algo
precisa ser feito com os serviços postais.
Ou isto, ou então temos de deixar de supor que,
só porque despachamos alguma coisa, ela deva
chegar ao seu destino.* **Não só chefes de
Estado para a Série de Palestras sobre
a Guerra, mas também chefes de corporações. Levar
ao conhecimento geral que estar
empregado em tal ou qual companhia não
é diferente de ser arrastado para tal ou qual
frente de batalha. "Chegou a hora.
Oportunidade como esta, nunca mais (planos
para celebração centenária: capital
disponível)."** Incluir em nossa
percepção tudo/todos os que estava(m)
fora do foco de nossa atenção. Para isso,

eliminar as práticas que envolvem
culpa/agressão/consciência, "virando as
costas", diz John R. Seeley, "a um mundo
banal e fálico, para trazer à existência um
reino de genitalidade (o prazer dos
outros deve ser a condição do próprio
prazer)". LXXI. Fogo. **Não
adições desagradáveis à água, mas a
subtração, dela, de elementos
nocivos.** *Uma professora americana no
Japão, tendo-lhe sido garantido um
banho privado, disse ao camareiro que
providenciasse para que ela estivesse só. Ele disse:
"Estou aqui pra garantir que a senhora fique só."*
**A Arte, em lugar de ser um objeto feito por uma pessoa,
é um processo desencadeado por um grupo de
pessoas. A Arte está socializada. Não
é alguém dizendo alguma coisa, mas pessoas fazendo
coisas, dando a todos (inclusive àqueles
envolvidos) a oportunidade de ter
experiências que de outra forma não teriam
tido.** *Os índios do norte de
Saskatchewan, os fazendeiros de L'Isle de
France, todos se esqueceram de que
plantas selvagens são comestíveis. Eu estava
falando dessa perda com Père
Patrice. Ele disse que eles também
esqueceram como se canta.* **LXXII. As
crianças têm uma sociedade própria.
Elas não precisam da nossa. No
aeroporto. Ain disse que viera simplesmente para
ver se sua mãe estava bem.
A música de Mumma (*Mesa*) para a dança de
Cunningham chamada *Place* [Lugar]. Sentado na
plateia, me senti depois como se
tivesse sido passado por um espremedor. Logo mais**

tive de tocar os Noturnos de Satie, algo **difícil**
pra mim de fazer. Notas erradas de todo
o lado. Hoje à noite vamos repetir o
programa. Eu pratiquei. Estarei
surdo e cego. Experimentação.
Série de palestras de cúpula sobre a Guerra: não
devem ser dadas numa cidade, mas via um
sistema global como o Telstar, estando cada aparelho
receptor, em todo o mundo, equipado com um dispositivo
que permita ouvir qualquer discurso na língua do ouvinte.
LXXIII. *Progresso.* Já que há muito tempo vimos
dizendo que o dinheiro é a raiz de todos os males,
deveríamos nos **livrar dele, com armas e**
bagagens. Pegue todas as pessoas que estão
atualmente vivendo no mundo, disse-me McLuhan.
Ponha-as de pé. Todas espremidas, caberiam
dentro do sistema de metrô de Nova York.
Perguntei a um dermatologista por que os dermatologistas
faziam um trabalho tão mal-acabado. "Oh", disse ele,
"Não fazemos nada pior do que os outros médicos:
só que os resultados do nosso trabalho
você pode ver." Uma senhora portuguesa
mencionou Lieh-tzu. História: um homem, saindo
dum penhasco de pedra e passando pelo fogo,
maravilhando aqueles que o viam, foi
interrogado sobre como ele fazia isso. "O quê?" Sair
da pedra e andar através do fogo. "Eu não sei
nada sobre nenhuma dessas duas
coisas", disse ele. **LXXIV**
Efemerização. Longe da terra
dentro do ar. Ou "assim na terra como
no céu." Mais com menos: Van der Rohe
(estética); Fuller (sociedade dos
homens do mundo). Nutrição via odores, vida
mantida por inalação: Augusto

Comte (Système de Politique Positive,
segundo volume). *Individualidade.*
Da escuridão da psicanálise
para a radiante psicologia do comportamento (pessoas
pegando seus divãs e
caminhando). **Jantar em autoestrada nos EUA: agora**
que eu não comi as batatas,
vão jogá-las fora (elas deviam ter sido
jogadas fora antes de serem servidas).
Ricos, ficar mais ricos. Impossível, já que ele
começa a impedir a acumulação.
O Universo. Eles puseram o carro
adiante dos bois: eles entendem mais de
publicidade do que das coisas que
promovem. LXXV. Às vezes, a verdade
vem à tona: anos atrás, página dupla num
jornal de Nova York, mostrando as
caras de mais ou menos quarenta homens
(industriais) que controlam o mundo.
Todos os seus filhos eram machos,
doze. “Ela devia ser estudada”, disse
Duchamp. “Ela é a solução de um
problema.” Uma suíte para dois. Em lugar de
transformação em outras formas
(reencarnação), regeneração de cada
indivíduo. Precedente: permanente
reconstrução dos templos Xinto no Japão. (Com
a unha do polegar, Tudor mantinha a
corda grave em vibração.) Incluir
mudanças no design: invenção aplicada a um
corpo vivo. (Eletrônica:
reencarnação sem o hiato da
morte.) Remembrandt. Nós temos tudo que
tínhamos antes. Por exemplo, a Mona Lisa
continua conosco. E acima de tudo,
a Mona Lisa com bigode.

Temos, por assim dizer, mais do que precisamos.
LXXVI. Roupas elétricas. O programa foi
alterado. Precisamos de notícias. Não só más
notícias: boas notícias e notícias que não
são boas nem más. Os chefes de Estado,
palestrando sobre a guerra (sabendo que
estão falando para pessoas de todo o mundo), não
serão capazes de promover objetivos nacionais.
*Estávamos impacientes. Assim, telefonamos para saber
se o ônibus tinha vindo, mesmo
não tendo ainda chegado a hora
marcada.* Figuéras. Procurando um terno de veludo
cotelê, observou os vasos do quarto,
todos com um olho e uma inscrição na base,
o olho pintado primitivamente
com cores brilhantes. A inscrição catalã
era preta: Eu vos vejo. **LXXVII. Ele
se recusa a desistir. Quando anda
pela sala, você fica se perguntando se ele
vai consegui-lo (um comportamento estranho da parte
superior do corpo, em relação às
pernas, um modo original de pôr um
pé na frente do outro).** Saindo de
Illinois, entrando na Suécia. (Como é que vai
acontecer? Fá-lo-emos nós ou o
farão para nós? Desemprego.) **Controle
de clima. A objeção de Stravinsky à
música de Schoenberg: não é moderna (muito
parecida com Brahms, embora mais
interessante). Ausência de efeito de
modernidade no fato de Schoenberg aceitar
a tradição, com anzol, linha e chumbada.**
Sons por toda parte. Nossos concertos
celebram o fato de que os concertos não são
mais necessários. LXXVIII. Os ensaios
continuaram e mais concertos foram dados.

Sua execução, que fora soberba, tornou-se
meramente correta. Era necessário
sugerir um certo desmazelo, a
execução de alguma coisa que não tivesse sido
escrita. A música feita em computador
("Blue Moon" sintetizada) apresentou
o mesmo problema. Introdução
de elementos ao acaso. *O remédio pra resfriado
de papai (um cura-tudo combinando mentol e timol
com álcool: Cowell preferia isso ao
uísque); o inalador de papai para rápida
introdução, no fluxo sanguíneo, de vitaminas e
hormônios. A Associação Médica
Americana proibiu a venda
geral desses produtos.* **O
doutor telefonou para perguntar se**
**vovô ainda estava vivo. Ficou evidente
que, em vez de analisar
a urina do vovô, ele tinha estudado um
suco de maçã que vovó tinha dado
ao mensageiro do hospital quando ele veio
buscar a amostra. LXXIX. Guenta a mão,
disse ela, assim não se sabe qual o
pai que vai sustentar a criança.
Responsabilidade indefinida. Perto de
cento e setenta e cinco tipos de macho,
sessenta, setenta tipos de fêmea.
Esterilidade. Ele tinha realmente slides
mostrando a passagem do gene de uma
célula para outra. Destruição.
Reconstituição. (O que nós queremos é muito
pouco, quase nada. Só queremos
aquelas coisas que tantas vezes
foram prometidas ou propostas: Liberdade,
Igualdade, Fraternidade; Liberdade disso e
daquilo.)** Roupas para entretenimento, não

por causa da vergonha. A privatividade deve se tornar
uma experiência rara, não
esperada. Dada a desinfecção e
a sanitarização, remoção das preocupações sociais **com**
a defecação e a micção. Sem
autoconsciência. Viver como animais,
tornarmo-nos tocáveis. LXXX. Antigo
decreto imperial chinês: Queimem-se os
livros! Para obter os livros que
ainda não foram escritos, é proibido ler os que se acham
na estante. O fogo toma o lugar da poeira,
produzindo cinzas beneficentes. **Tentamos**
conversar (engenheiros e artistas).
Descobri que não funcionava. No último
minuto, nossas profundas diferenças
(diferentes atitudes em relação ao tempo?)
ameaçaram o espetáculo. O que mudou
as coisas, tornou a conversa possível,
produziu cooperação, reinstituiu
nosso desejo pela continuidade etc.,
foram as coisas, as coisas mudas e inanimadas (uma
vez em nossas mãos, elas geram pensamento,
discurso, ação). Digamos que não dê para
organizar aquelas séries de palestras sobre a guerra.
Exigir que os encontros de cúpula se tornem
públicos via TV, satélites, todo esse aparato. Aumentar
a frequência dos encontros. Isto é, de uma forma
ou de outra, fazer com que o jogo seja mostrado tal
como ele é àqueles que tenham tempo e
interesse de observá-lo. *LXXXI. Shirley*
Genther está transando pra que eu possa receber os
Kaiser Reports. Não se paga por eles.
Eles simplesmente vêm pelo correio.
Conferencistas para as séries de palestras: Mao
Tse-tung, Ho Chi Minh, algum Nativo
Africano, Nikita K., LBJ, Charles de

Gaulle etc. *Agora esperamos por um bom*
negócio (que se liguem as luzes,
que o telefone funcione etc.); o que
queremos é uma cama confortável (cada um
de nós tem uma noção diferente de
conforto), ar fresco, água
deliciosa, boa comida, vinho (aqui, também,
divergimos). **Dentro da noite: os dias que estão pra chegar.**
Bárbara disse que ouvira que a situação
política em algum país da América do Sul
sendo o que é (bizarra, desonesta e
sem significado), um gorila do zoológico foi
indicado e eleito Presidente.
LXXXII. Em música, não havia esperança
de pensar em termos da velha estrutura
(tonalidade), de fazer coisas segundo velhos
métodos (contraponto, harmonia), de usar
os velhos materiais (instrumentos
orquestrais). Começamos de
zero: som, silêncio, tempo,
atividade. Na sociedade, nenhuma quantidade
de panaceia em economia/política vai ajudar.
Começar de novo, levando em conta a abundância,
o desemprego, uma situação de campo,
a multiplicidade, a imprevisibilidade,
o imediato, a possibilidade de
participação. Escolas em que a
gente viva dentro (sua arquitetura). Espaços sem
divisões. Observando o que os outros
estão fazendo (eles também pensam). Sem
dar bola para a formatura. Nós sabemos que
é uma melodia, mas uma melodia que ainda não
cantamos. A força do impulso. LXXXIII.
Há, naturalmente, aqueles que não têm tempo
para melhorar o mundo. Estão
lutando para que ele continue caminhando. Disciplinas

que requerem exercício. Almoço em Chicago:
Ela me perguntou se era verdade que
arte não me interessava mais. Eu disse que
achava que já o tínhamos feito (aberto nossos
olhos, nossos ouvidos). O que é urgente é
a sociedade. Não fixá-la, mas mudá-la de modo
que funcione. *Self-service.* Hora de raiva.
Miscigenação: geração de uma
mudança bioquímica durável. Nós desistimos
de juízos, preferimos a poesia.
Carros de bombeiro embaixo, na rua.
Fumaça nos corredores. Chamei a portaria.
Eles disseram que não havia razão para
alarme. **LXXXIV. "Se você e papai**
se divorciassem, eu não ia morar nem
com você, nem com papai." Sua mãe disse:
"Aonde você iria, então?" "Eu voltaria para
a natureza." O Polo Norte está de mudança:
antes era nas Filipinas. *Dão-nos*
comida porque estamos voando.
Logo, logo farão a mesma coisa mesmo quando
estivermos em terra (viajando ou
não). Temos só uma mente (aquela que
partilhamos). Mudar as coisas radicalmente,
portanto, é simples. Basta mudar
essa única mente. Fundamentar a natureza
humana na alteridade (bem cedo, o egoísmo
global vai se tornar algo sobre o que teremos
de pensar). LXXXV. Restringir os
passos políticos àqueles que são dados em frente às
câmeras de televisão, assim todo o povo
pode ver aonde eles estão indo. Melhor
ainda: políticos não darem passos políticos
sozinhos. Os políticos (via TV) simplesmente
fazem sugestões. Aparelhos receptores

esquipados com meios de transmissão
permitindo às pessoas votarem se um passo
proposto deve ou não ser dado.
Negação daquilo em que a gente acreditava.
Amplificação de som de pés,
os pés que a gente vê andando [Falou
sobre a possibilidade de desintegrar um passageiro no ponto de
partida, recompondo-o no seu
destino. Espaçônibus em Pittsburgh: aperte
um botão: seguindo uma trajetória, o ônibus vai
aonde você quiser. Planos do Noroeste
para disparar pessoas pelos túneis com
ar comprimido. Velocidades graduáveis
para viagens no Synchroveyor. Insistiu no
transporte privado (possivelmente elétrico;
chegando em casa, pluga-se o carro:
enquanto em desuso, ele se recarrega)] **LXXXVI.**
O cão preguiçoso (uma bomba contendo dez mil
farpas de agulhas-lâminas de aço).
Numa província do Vietnã do
Norte, a de população mais densa, cem
milhões de farpas de agulhas-lâminas de
aço caíram num período de
treze meses. Esses dardos-lâminas
retalham os habitantes em fitas. Maki
acha que o Havaí é uma outra parte
do Japão. Portugal pensa em Angola
não como uma colônia, mas como Portugal.
Os EUA pensam que o Mundo Livre é o mundo
dos EUA, estão decididos a mantê-lo livre,
determinado pelos EUA. *A possibilidade de*
haver conversa reside na
impossibilidade de duas pessoas
terem a mesma experiência, estejam ou não suas
atenções dirigidas para um mesmo ponto. Um
antigo anseio budista (sentar

em cadeiras diferentes). **LXXXVII. Exaustão.**
Sono perturbado por sonhos. Disseram que devíamos
ter quatro turnês regulares por ano,
pra durar quatro meses cada uma.
Primeira: apresentações no Alasca,
Polo Norte, Rússia, Finlândia. Estacionando
no supermercado, ela mudou de
plano, apanhando quartos de carneiro, cogumelos
e rabanetes que ela observou crescendo livremente
do lado de fora. A Terra, uma cidade como era Paris:
pessoas se amando pelas ruas.
Roupas elétricas recarregáveis em guaritas
públicas, providas de cúpulas
ajustáveis, erguidas ou rebaixadas
de acordo com o tempo, eventos cataclísmicos
previstos e observados a distância,
como teatro, distância provida de
transporte de massa, imediato.
Eliminada a doença, uso das fezes,
animais e humanas, para enriquecer a terra
(economia, não desperdício). Começar tudo de novo
do ponto do bem-estar humano,
abandono de fatores não fluentes no intercâmbio
entre homem e Universo (detergentes,
por exemplo). Uma nova
ecologia. O prazer da "sujeira".
("Mãos.") LXXXVIII. Os bosques: encontro de
uma cabana em que ninguém vive. Vai ser
engraçado pô-la em ordem. Observados detalhes
da aurora, não estudados. Sucesso. Todos
os desejos satisfeitos, dizemos Não, mas sorrimos
ao mesmo tempo (deixando pra outra vez).
Benditos sejam os avarentos: eles darão
o que têm aos outros. As moças nas
cidades foram forçadas a virar blocos de
prostitutas para as tropas dos EUA. O

governo de Saigon literalmente meteu dezenas de
milhares de moças em campos para as tropas dos
EUA. **Armistício dia onze de novembro.**
Quando é o dia do Armistício da Segunda Guerra
Mundial? São precisas mais trezentas e sessenta e três guerras
dispostas de tal forma que terminem em dias
diferentes, tornando-se o ano inteiro
um Armistício depois do outro.
De preferência guerras frias, não quentes. São
melhores as conferências sobre a guerra do
que ela própria. Celebração dos
fins das palestras, todo
santo dia. LXXXIX. A sociedade, sem ser
um processo que um rei deflagra, torna-se um
lugar impessoal, compreensível e útil
de modo que qualquer coisa que cada
indivíduo faça, suas ações avivam o
quadro geral. Anarquia (sem leis ou
convenções) num lugar que funcione.
A sociedade está individualizada. **O médico**
não sabia que doença era.
Atacava as pessoas de modo diferente, onde quer
que elas fossem vulneráveis. Dentro desse mundo,
quando já estiver mudado, reentrarão as
coisas às quais renunciáramos, p. ex., juízos de
valor (cf. a sétima de dominante). Elas não vão
monopolizar nem sugerir o que deve acontecer
em seguida. (Ele golpeou a cabeça da
mãe que tinha perdido seu único filho,
dizendo: "Isso lhe dará uma razão
para chorar.") Lamentação
constante. (Choramos porque a cabeça de
qualquer um foi golpeada.) Lágrimas:
uma empreitada global. *XC. Presidente Eisenhower*
(1953): Vamos supor que percamos a
Indochina. Se a Indochina se vai, o
estanho e o tungstênio, que tanto prezamos,

não vêm mais. *Estamos procurando o modo mais barato de prevenir a ocorrência de algo terrível – a perda da nossa habilidade de conseguir o que queremos das riquezas dos territórios da Indochina e do Sudeste Asiático.* Se **ultrapassarmos 1972, diz Fuller, estamos salvos.** **1972 encerra o** presente período crítico. Seguindo a tendência atual, cinquenta por cento da população do mundo terão, então, o que precisam. Os outros cinquenta por cento seguirão rapidamente o mesmo caminho. Digamos, lá pelo ano 2000.

Cada um de nós tem seu próprio estômago; não é o estômago do outro. Lois Long gosta de costeletas de carneiro. Esther Dam não gosta. Ralph Ferrara prefere a maneira de sua tia cozinhar cogumelos do que a de todos os outros, ou seja, em óleo de oliva e com alho. Quanto a mim, eles devem ser cozidos em manteiga, sal e pimenta, e fim. (De vez em quando, com a adição de algum creme, às vezes doce, às vezes azedo, e, menos frequentemente, um pouco de suco de limão.) Uma vez usei uma receita para moréis recheados em conserva. Quando nos reunimos para comê-los, nem sabíamos o que estávamos provando. O prato parecia essas comidas extravagantes de restaurante.

Henry Cowell me contou que, anos atrás, em Palo Alto, dois professores de botânica de Stanford lhe asseguraram que um cogumelo que ele encontrara era comestível. Ele o comeu e ficou muito mal. Imaginando que tinha comido outras coisas na mesma refeição e supondo que os professores deviam saber o que estavam falando, experimentou o cogumelo, não uma vez mais, mas duas, ficando seriamente doente as duas vezes.

Charles McIlvaine era capaz de comer quase tudo, desde que fosse um fungo. Dizem que ele tinha um estômago de ferro. Nós encaramos suas observações sobre comestibilidade com certo ceticismo, mas seu espírito nos incita. Alexander Smith, obrigado como cientista a experimentar todo tipo novo de cogumelo que encontra, ficou doente com quase todos eles. Envenenamento por cogumelo não é brincadeira. Nancy Wilson Ross me contou que um jardineiro em Long Island, que sempre comera os cogumelos que colhia, cometeu um engano, quase se matando ao comer uma das amanitas. Ele se recuperou e está vivo, mas nunca mais foi o mesmo. Vive mais ou menos permanentemente debilitado. Eu saí para os bosques ao norte de Vermont em jejum. (Isso foi há mais ou menos oito anos.) Comecei a comer várias espécies, cruas. Entre elas, estava a *Boletus piperatus*, que dizem que é comestível, embora tenha poros com bocas vermelhas, um sinal de perigo, segundo várias autoridades. À tarde eu estava doente, miseravelmente doente. Fiquei mal por doze horas. De vez em quando eu procurava dizer aos Lippold, de quem eu era hóspede, para não se preocuparem, que eu não ia morrer.

• • •

FIM DE PAPO

Sem saber exatamente em que dia cairia um ano a contar de segunda-feira — o dia que nós oito combináramos de nos encontrar no México —, decidi que devia ser nos primeiros dias de junho de 1967. Quando as pessoas escreviam ou telefonavam me pedindo para fazer alguma coisa nesse mês, eu dizia Não. (Exceção: o espetáculo em benefício da Companhia de Dança de Cunningham, patrocinado por John de Menil, a se realizar na casa de Philip Johnson, em Connecticut, sábado, dia 3 de julho; Judith Blinken, representante da Companhia e minha, argumentou que a primeira segunda-feira daquele mês seria dia 5: daria tempo de eu ir de avião.)

Então me ocorreu — veja o último parágrafo do Prefácio (Antepapo) — que eu era o único que estava levando a sério a viagem ao México. Enviei uma nota a Octavio e Maria-José na Índia — veja as últimas linhas do segundo texto sobre a melhoria do mundo — perguntando se eles me encontrariam no dia 5 na Cidade do México: "Será conveniente para vocês? . . . Que horas maravilhosas teremos!"

A resposta de Paz era de duas páginas. Os primeiros três parágrafos não tinham nada a ver com o nosso encontro. O quarto começava: "Sobre nossa viagem ao México: não podemos ir em junho." Depois: "Nossos planos são de ficar na Europa até o dia 25 de julho . . . Talvez possamos nos encontrar depois no México ou em Nova York . . . Conte-me sobre os seus planos. Nós realmente queremos vê-lo." Havia mais dois parágrafos e um postscriptum, todos sobre outros assuntos.

Agora tenho outros planos — para o resto do ano e também para junho. Nesse mês haverá o banquete anual na praia da Sociedade Micológica de Nova York, com Joe Hyde cozinhando alimentos selvagens, apanhados pelos membros, na praia. Irei também a Montreal para ver a cúpula de Fuller e o *Mapa do mundo segundo Buckminster Fuller*, de Jasper Johns, que deverá estar dentro dela. O resto de junho e talvez o verão, passarei trabalhando com Dick Higgins e Alison Knowles em *Notações*, um livro que será publicado pela Something Else Press e que ilustrará o trabalho de uns duzentos e sessenta compositores que contribuíram com manuscritos para a coleção que eu passei dois anos organizando em benefício da Fundação para as Artes Contemporâneas do Espetáculo.

O que temos a fazer, então, é não dizer Sim ou Não, mas, simplesmente, prosseguir não literariamente, adotando o modo de vida proposto por Meister Eckhart (só seguindo os esboços gerais da vida cristã, "não ficar pensando se estou certo ou fazendo algo errado"), isto é, seguindo os esboços gerais da ciência do "*comprehensive design*" de Buckminster Fuller. Há agora seis volumes preparados por Fuller em colaboração com John McHale: *Inventário dos recursos mundiais*; *Tendências e necessidades humanas*; *A iniciativa do design*; *Pensamento compreensivo*; *O programa de dez anos*; *Estratégia do design mundial*; *O contexto ecológico: Energia e materiais*. Esses volumes foram publicados pela World Resources Inventory, Box 909, Carbondale, Illinois. Podem-se encontrar também outros livros de Fuller: *Nove cadeias para a Lua*, *Não mais um Deus de segunda mão*, *Educação automação*, *Poema épico sem título sobre a história da industrialização* (todos publicados pela Southern Illinois University Press, Carbondale, Illinois); *Ideias e integridades* (Prentice-Hall, Englewood Cliffs, Nova Jersey).

Paz tem razão. A gente se encontrar em Cadaqués, Stony Point, Fairport, Toronto ou Nova Délhi não faz nenhuma diferença. A gente não tem de fazer planos de estar juntos. (Em julho passado, Merce Cunningham e eu demos de cara com Bucky Fuller no aeroporto perto de Madri.) As circunstâncias o fazem por nós.

Mudar o mundo para que ele funcione pela "vivença" já é outro papo. Aí o sucesso é essencial. O objetivo, para citar Fuller em sua proposição de 1963, é: ". . . tornar todos os recursos químicos e energéticos mundiais, que estão agora exclusivamente destinados a servir só 44% da humanidade, capazes de servir 100% da humanidade em padrões mais altos de vida e mais completo prazer do que já foi experienciado até agora por qualquer homem."

Como ocorrerá essa mudança? (Susan McAllester, referindo-se à minha proposta — veja o terceiro texto sobre a melhoria do mundo — de uma Série de Palestras de Cúpula sobre a Guerra, disse: "Eu pensei que você estava brincando.") A mudança está ocorrendo "espiritualmente", diz-nos McLuhan, sem nossa participação consciente: os veículos que usamos estão executando a metamorfose de nossas mentes e nos conduzindo aos nossos sentidos. Ela se "definirá", diz-nos Fuller, através do design inteligente e sua implementação por parte dos estudantes do mundo (desempregados, como resultado da automação desenfreada, eles não terão nada a fazer senão o mundo). "Intervenções de Deus" — cortes súbitos de serviços necessários (água, eletricidade etc.), súbita insuficiência deste ou daquele recurso essencial para esta ou aquela indústria — vão reunir as pessoas em esforços comuns para se recuperarem das crises. As recuperações se caracterizarão pela "emergência da efemerização" (Fuller): fazer mais com menos. Essas emergências dão aos homens a inteligência para levar a cabo objetivos sempre crescentes, com entradas de recursos sempre-decrescentes que Fuller chama a maior intervenção de Deus.

Sob qual liderança? Não a dos financistas (eles pensam em termos de renda fictícia, rachando a sociedade em faixas dos que têm e dos que não têm renda). Não a dos políticos (eles dividem o mundo e depois tramam para obter o poder para uma parte em detrimento da outra). Não a dos engenheiros (embora seja atraente a proposta de Thorstein Veblen, em 1921, de uma greve geral dos engenheiros, seguida por uma tomada de controle do país tecnologicamente — que é onde realmente "funciona"). A liderança precisa ser radical, global, arquitetural.

Arquitetural no sentido em que Buckminster Fuller usa a palavra: solução de problemas pelo "*comprehensive design*". Alguns anos atrás, perguntei a Fuller se ele jogava xadrez. Ele respondeu que antes jogava, mas agora só joga o jogo maior. Eu pensei que ele estava se referindo às suas atividades como conferencista para estudantes de todo o mundo. Eu estava enganado. Estava se referindo ao seu verdadeiro jogo "Como fazer o mundo funcionar", a ser instituído brevemente na Universidade do Illinois do Sul. Esse jogo, computadorizado, será jogado por indivíduos e equipes capazes. O computador será alimentado com toda a informação relevante e continuamente atualizada referente à localização e quantidade de recursos mundiais, povos do mundo, suas tendências e necessidades, sistemas de energia do mundo etc. O jogo se desenvolverá visivelmente sobre um Mapa Aeroceânico Mundial Dymaxion, do tamanho de um campo de futebol, com um alto balcão sobreposto a ele, permitindo aos jogadores ver o efeito de seus "lances": teorias de como "facilitar o atendimento, no momento mais breve possível, por todos os seres humanos, do completo desfrute de todo o planeta Terra". Dessa forma, ninguém estará sob qualquer liderança. Uma ordem que sirva sem controlar será descoberta por meio do jogo da inteligência. Essa ordem, através de contínuos torneios mundiais "televisados ao vivo por um sistema em relé multi-Telstar", se fará infinitamente regenerativa.

Visitei recentemente o Memorial Nacional aos irmãos Wright em Kitty Hawk, Carolina do Norte. Sessenta e quatro anos atrás, os irmãos Wright fizeram o primeiro voo a motor, permanecendo no ar doze segundos, ou algo assim, viajando uma distância de vinte pés. Eu li uma frase de Wilbur ou Orville: "Não é preciso olhar muito longe para o futuro para ver quão magnificente isso será." E seguia com alguma coisa sobre o fato de que é só uma questão de abrir as portas.

Muitas portas estão abertas, agora (elas se abrem de acordo com o ponto "para onde” dirigimos nossa atenção). Depois que se atravessa, quando se olha para trás, não se veem mais paredes nem portas. Por que estivemos fechados por tanto tempo? Os sons que a gente ouve são música. Cogumelos: nós os vemos em todo lugar, mesmo andando de carro à noite, a quarenta ou sessenta milhas por hora. A mesma coisa com a melhoria do mundo: agora que estamos à cata de sinais da anarquia global prática, tais sinais aparecem em todos os lugares para os quais olhamos. Vemos um uso comum para a arte: dar exemplos da sociedade, apropriados para imitação social — apropriados porque mostram maneiras pelas quais centros podem se interpenetrar sem se obstruir mutuamente, maneiras como as pessoas podem fazer coisas sem serem mandadas e sem dizer às outras o que devem fazer. N.O. Brown: ansiamos por “um ambiente que funcione tão bem que a gente possa fazer o que quiser dentro dele”. Caminhamos, evidentemente, para extremos: para a “escala muito larga” (“a grande impessoalidade do mundo da produção em massa”) e para a “escala muito pequena” (“a possibilidade do intenso personalismo”) — Edgar Kaufmann Jr., *O fórum arquitetural*, setembro de 1966. Previmos a “diminuição” e a final “perda da escala média” (*Verlust der Mitte* — Strygowsky): as burocracias associadas ao poder e à renda. A informação com a qual essas burocracias agora lidam, como que num impasse (C. Wright Mills: *A elite do poder*), pode ser relegada aos nossos computadores; nossa racionalidade não imaginativa jogada fora, no esgoto — N.O. Brown —, de forma que o “reino da poesia” — Thoreau, Brown e todos nós — possa finalmente começar.

A observação de Benjamin Franklin não parece tola. Dizem que ele disse: “Cavalheiros, os senhores veem que, na anarquia em que vivemos, a sociedade se organiza tanto quanto antes. Tomem cuidado, se nossas disputas” — disputas entre delegados à convenção constitucional da Pensilvânia — “durarem muito” — já tinham durado vários meses — “o povo é bem capaz de pensar que pode simplesmente passar sem nós.” No outono de 1966, os professores suecos foram à greve. As crianças prosseguiram em sua educação por sua própria conta.

Em qualquer época, há uma tendência, quando se “pensa” em sociedade mundial, para “pensar” que as coisas são fixas, não podem mudar. Essa imutabilidade é imaginária, inventada pelo “pensamento” para simplificar o processo de “pensar”. Mas pensar, hoje em dia, é complexo: inclui, para começar, a obra de Einstein. Nossas mentes estão mudando do uso de faculdades simples e críticas para o uso das faculdades do design, solve-problemas e criativas; de uma preocupação não realística com um *status quo* não existente para uma visão corajosa das coisas em movimento, vida como revolução. A história é uma revolução atrás da outra. “O progresso de uma monarquia absoluta para uma limitada, de uma monarquia limitada para uma democracia, é um progresso em direção a um verdadeiro respeito pelo indivíduo." Thoreau. E ainda Thoreau: "O melhor governo é o que não governa coisa nenhuma, e, quando os homens estiverem preparados para isso, esse será o tipo de governo que terão." Se a gente "pensa" de modo fixo, imóvel, sobre "quando os homens estiverem preparados para isso", esse "quando" parecerá sempre inatingível. Mas vivemos de dia para dia: neste momento, a revolução está seguindo seu curso. Se prestarmos atenção à prática de não-ser-governado, observaremos que ela está crescendo. (Quando a conversa começou, ele sorriu e disse: Não há nada com o que eu esteja em desacordo. Em nossas rodovias, a velocidade geral está acima dos limites permitidos. Nos supermercados, os caixas expressos limitados a servir àqueles que compraram só oito ou dez artigos, regularmente servem aos fregueses com mais artigos. A queima dos cartões de convocação. Haight-Ashbury.[16] A evasão de impostos. Catorze mil americanos renunciaram à cidadania em 1966. Desobediência civil. Não pagamento de impostos. Os tumultos raciais de julho de 1967 terminaram com a remoção da polícia das áreas perturbadas.) Estamos diante de um problema livre de nossas emoções, um problema tão simples que computadores ainda na infância podem ajudar na solução, um problema tecnológico que Fuller colocou há muito tempo: triplicar a efetividade e implementar a distribuição dos recursos mundiais, de forma que todos tenham aquilo de que necessitam. Renúncia à competição. Iluminação do mundo. Não uma vitória, só algo natural.

NOTAS DOS TRADUTORES

1. Na tradução, por motivos óbvios, não se preservou o mesmo número de caracteres do original. A composição do texto procurou aproximar-se ao máximo da configuração e da variedade tipográfica.

2. Sorte de "pan-desenho-industrial" utilizada pelo autor.

3. A Sociedade Protetora de Animais americana.

4. Trocadilho com *Agenbite of lnwit* [remorsura do subconsciente], palavras que recorrem à cabeça de Stephen Dedalus no *Ulysses* de Joyce, seu sentimento de culpa diante da mãe moribunda. Penso que McLuhan fala do estímulo do mundo exterior, algo como Remorsura do Extraconsciente.

5. Trocadilho de Cage: *Happy new ears*, em lugar de *happy new year* ["felizes ouvidos novos", por "feliz ano-novo"].

6. Universidade da Califórnia, em Los Angeles.

7. WPA (Work Progress Administration), programa de "redenção social" de Roosevelt, parte do NEW DEAL, para empregar os milhões de desempregados.

8. Betsy (Griscom) Ross, 1752-1836, a mulher que fez a primeira bandeira norte-americana.

9. O número de palavras é livre na tradução.

10. No original: *Pun to King Four* (*Pun* = trocadilho, em lugar de *pawn* = pião).

11. HCE (Humphrey Chimpden Earwicker on Here Comes Everybody – Aqui Vem Todo-mundo), personagem principal de *Finnegans Wake*, de Joyce.

12. "Commitment" tem, em inglês, também o sentido de "engajamento".

13. . . . *murder . . . commited.* A palavra tem duplo sentido: comedido e comprometido.

14. Massachusetts Institute of Technology.

15. Young Women's Christian Association [Associação Cristã de Moças].

16. Bairro dos hippies de São Francisco.

Edição
Isabel Diegues

Coordenação editorial
Adriana Maciel
Barbara Duvivier

Coordenação de produção
Melina Bial

Produção editorial
Vanessa Gouveia

Tradução
Rogério Duprat (revista por Augusto de Campos)

Revisão final
Eduardo Carneiro

Diagramação
Mari Taboada

Capa
Barrão, a partir da obra Animal Cage, 2013

Crédito da Imagem
Francisco de Souza

CIP-BRASIL. CATALOGAÇÃO-NA-FONTE
SINDICATO NACIONAL DOS EDITORES DE LIVROS, RJ

Cage, John, 1912-1992
C133s De segunda a um ano / John Cage; tradução Rogério Duprat; revista por Augusto de Campos. – [2. ed].– Rio de Janeiro: Cobogó, 2013.

Tradução de: A year from monday
ISBN 978-85-60965-50-2

1. Poesia americana. I. Duprat, Rogério. II. Campos, Augusto de. III. Título.

13-07025 CDD: 811
CDU: 821.111(73)-1

Nesta edição, foi respeitado o Acordo Ortográfico da Língua Portuguesa de 1990, que entrou em vigor no Brasil em 2009.

Editora de Livros Cobogó Ltda.
Rua Jardim Botânico, 635/406
Rio de Janeiro – RJ – 22470-050
www.cobogo.com.br

2013

1ª impressão

Este livro foi composto em Times New Roman.
Impresso pela gráfica Stamppa,
sobre papel Offset 75g/m2.